ÉLÉMENTAIRE ET PRATIQUE
DE

MORALE

Pour les Écoles primaires & les Classes d'Adultes

D'APRÈS LE NOUVEAU PROGRAMME DE L'ENSEIGNEMENT
SECONDAIRE SPÉCIAL

PAR

L.-CH. BONNE

DOCTEUR EN DROIT, OFFICIER D'ACADÉMIE
CHARGÉ DU COURS DE LÉGISLATION USUELLE AU LYCÉE DE BAR-LE-DUC

> « Le plus heureux des hommes
> « est le plus vertueux.
> « Le plus malheureux est le plus
> « injuste et le plus méchant.
> « SOCRATE. »

———

ÉDITION REVUE ET CORRIGÉE

Ouvrage couronné par la Société nationale d'encouragement au bien

PARIS

CH. DELAGRAVE ET Cⁱᵉ, LIBR.-ÉDITEURS

78, RUE DES ÉCOLES, 78

COURS ÉLÉMENTAIRE ET PRATIQUE

DE

MORALE

CHEZ LES MÊMES ÉDITEURS

OUVRAGES DU MÊME AUTEUR

Législation française, élémentaire et pratique à l'usage de tout le monde, comprenant : 1° le droit civil, le droit commercial, le droit adnistratif et le droit pénal ; 2° la solution d'un grand nombre de questions pratiques ; 3° un formulaire de tous les actes que l'on peut rédiger soi-même, notamment un modèle de convention d'abonnement général suivi de notions élémentaires et pratiques sur les abonnements généraux. 1 vol. in-18 jésus. Prix, broché. . . . . 3 fr. 50 c.
Prix cartonné avec luxe à l'anglaise. . . . . 4 fr. 25 c.

Ouvrage approuvé par M. l'Inspecteur d'académie de la Meuse, et recommandé aux Maires par le Préfet du même département. — Honoré d'une souscription par Son Exc. M. le Ministre de l'intérieur.

Cours de législation usuelle, composé d'après le nouveau programme officiel de l'enseignement spécial secondaire, avec questionnaire, 2ᵉ édition. prix, broché. . . . . 1 fr. 80 c.

Leçons élémentaires de droit commercial, à l'usage des écoles primaires et des écoles professionnelles. 2ᵉ édition, 1 vol. in-18. Prix, broché. . . . . 1 fr. »

Ouvrage autorisé pour les bibliothèques scolaires par M. l'Inspecteur d'académie de la Meuse.

Premiers éléments de droit usuel et pratique, à l'usage des écoles primaires et des classes d'adultes. Prix, cartonné . » 75 c.

Ces deux ouvrages réunis forment un abrégé du Cours de législation usuelle de l'enseignement secondaire spécial.

Conseils aux vendeurs et aux acquéreurs d'immeubles, ouvrage indispensable à tous les propriétaires. Brochure in-18. Prix, broché. » 40 c.

Cette brochure indique très-clairement les formalités que le vendeur et l'acheteur doivent remplir : le premier pour conserver son privilège et son action résolutoire, le second pour ne pas être évincé par un autre acquéreur du même immeuble, et pour ne pas être exposé *à payer une seconde fois son prix d'acquisition*.

Conseils aux parents qui font à leurs enfants le partage de leurs biens sous la réserve d'une pension viagère. 1 volume in-18. Prix, broché. . . . . » 50 c.

Mémoire couronné par la Société d'agriculture, sciences et arts de la Marne, en 1865.

PARIS. — IMP. SIMON RAÇON ET COMP., RUE D'ERFURTH, 1.

COURS ÉLÉMENTAIRE ET PRATIQUE

DE

MORALE

Pour les Écoles primaires & les Classes d'Adultes

D'APRÈS LE NOUVEAU PROGRAMME DE L'ENSEIGNEMENT
SECONDAIRE SPÉCIAL

PAR

L.-CH. BONNE

DOCTEUR EN DROIT, OFFICIER D'ACADÉMIE
CHARGÉ DU COURS DE LÉGISLATION USUELLE AU LYCÉE DE BAR-LE-DUC

> « Le plus heureux des hommes
> « est le plus vertueux.
> « Le plus malheureux est le plus
> « injuste et le plus méchant.
> « SOCRATE. »

2ᵉ ÉDITION REVUE ET CORRIGÉE

Ouvrage couronné par la Société nationale d'encouragement au bien

PARIS

CH. DELAGRAVE ET Cⁱᵉ, LIBRAIRES-ÉDITEURS

78, RUE DES ÉCOLES, 78

1867

APPROBATION DE MGR L'ÉVÊQUE D'AGEN

Monsieur,

J'ai lu avec attention et avec grand plaisir le petit Cours de morale dont vous avez bien voulu m'adresser un exemplaire; il me paraît contenir les préceptes les plus utiles, et je souhaite qu'il soit adopté par le plus grand nombre possible d'écoles primaires et d'écoles d'adultes.

Je vous félicite donc, monsieur, d'être l'auteur de ce recueil fait pour inculquer et propager les bons principes et les idées religieuses parmi la jeunesse de nos écoles populaires.

. . . .

Je ne donne une approbation officielle qu'aux ouvrages religieux publiés dans mon diocèse, mais j'espère que vous voudrez bien vous contenter des vœux très-sincères que je forme pour le succès mérité de votre œuvre.

Agréez, je vous prie, monsieur, l'expression de mes sentiments très-distingués,

† JEAN,
Évêque d'Agen.

Agen, 22 mars 1867.

A MES ENFANTS

C'est pour vous, mes enfants, que j'ai écrit ce livre.

Lisez-le attentivement et souvenez-vous qu'il ne suffit pas de respecter les lois humaines ; il en est d'autres plus sévères, dont l'ensemble constitue la Morale : ce sont ces lois que j'ai essayé de vous expliquer. Elles ont une origine divine ; les tribunaux ne punissent pas toujours ceux qui ne les observent pas, mais la satisfaction intérieure qu'éprouve celui qui s'y soumet et l'estime que la société lui accorde tôt ou tard, sont la plus belle récompense que l'honnête homme puisse désirer sur la terre, en attendant celle que Dieu lui accordera infailliblement dans le ciel.

PRÉFACE

La morale est la science de nos devoirs; son but est de conduire l'homme à la vertu. Cependant cette science, dont il serait superflu de démontrer l'utilité, était restée le partage des études secondaires jusqu'au jour où S. Exc. M. Duruy, ministre de l'instruction publique, eut l'heureuse pensée de la comprendre dans le programme de l'enseignement secondaire spécial.

Qu'il nous soit permis de reproduire ici les remarquables observations qui précèdent ce programme.

« Le cours de morale privée et sociale a pour objet, dit M. le ministre, de donner aux élèves la connaissance raisonnée des devoirs que nous avons tous à remplir.

« L'apprentissage de ces devoirs commence pour l'homme dès que les premières lueurs de la raison apparaissent en lui, et se prolonge durant toute l'éducation ; il n'est pas un maître, ayant le sentiment de sa mission véritable, qui ne consacre ses soins à développer dans l'âme de ses élèves le sens moral et l'amour du bien.

« Mais ces notions, qui s'acquièrent pour ainsi dire au jour le jour, ont besoin d'être coordonnées et présentées dans leur ensemble, avec les motifs qui les justifient, les confirment et les rendent inébranlables aux yeux de la raison. Tel est le but de ce nouvel enseignement qui couronnera dignement l'instruction professionnelle.

« On a parfois reproché à l'industrie de développer une préoccupation excessive du bien-être matériel et de l'égoïsme, c'est-à-dire l'oubli du devoir. Nous prémunirons nos élèves contre ce danger en leur donnant la forte conviction de leurs obligations morales envers eux-mêmes et envers la société.

« Pour cela il n'est pas besoin de métaphysique ; la science du devoir est bien simple, car Dieu l'a écrite dans notre cœur comme dans notre raison. Il suffira d'apprendre aux enfants à lire en eux-mêmes.

« Ce cours sera donc moins une série de leçons philosophiques qu'une morale en action expliquée par la science, puisque le professeur s'appliquera à faire comprendre les préceptes par des exemples, comme Cicéron le fait si bien comprendre dans son beau traité *des Devoirs*. La mission que le maître reçoit ici est de ne rien négliger pour fortifier dans le cœur des enfants le respect d'eux-mêmes, la piété filiale, l'amour du pays et l'obéissance aux lois qu'il s'est données. »

Pourquoi ne ferait-on pas plus encore? Puisque « *l'apprentissage des devoirs commence pour l'homme dès que les premières lueurs de la raison apparaissent en lui,* » pourquoi tous les enfants qui fréquentent l'école primaire et les classes d'adultes ne recevraient-ils pas quelques notions élémentaires de cette science appropriées à leur âge et à leur intelligence, comme ils reçoivent des notions de grammaire, d'arithmétique et de chant?

Platon, dans son sublime traité *de la République*, conseillait d'améliorer le peuple par l'éducation plutôt que par les lois pénales.

Aucune étude ne nous semble plus propre à conduire à ce but que celle de la morale; elle est la base fondamentale de toute éducation; sur la morale repose la famille, la société; elle oblige les hommes comme les enfants, les pauvres comme les riches; pourquoi donc ne pas l'enseigner avec autant de soin dans la plus petite école que dans les établissements d'enseignement secondaire?

Il n'y a qu'une seule morale; cependant, quand des théories effrayantes se produisent avec une assurance qui ne devrait appartenir qu'à la vérité, il devient indispensable de préciser nettement la doctrine dont on se fait l'apôtre.

Les règles de la morale doivent être obligatoires, constantes et universelles.

Pour cela, il faut que cette science ait sa source et sa sanction dans un principe qui présente les mêmes caractères d'immuabilité et d'universalité.

Or, ce principe ne peut être que Dieu; car si la morale était fondée uniquement sur la réciprocité des devoirs, sur l'intérêt bien entendu ou sur une convention, elle serait variable suivant les temps, les lieux et les individus.

Privée de son élément essentiel, elle cesserait d'exister, et la science à laquelle on donnerait alors le nom de morale serait une loi humaine, ayant tout au plus le caractère de généralité restreinte du droit des gens, et par conséquent ce ne serait plus la morale.

Est-il besoin de justifier cette proposition?

Entre Dieu créateur et l'homme sa créature, il existe nécessairement des liens qui consistent pour l'homme dans l'accomplissement de tous les devoirs qui doivent le conduire à la fin pour laquelle il a été créé; la science de ces devoirs, c'est la morale.

La morale est donc, suivant une définition généralement admise, la science qui nous enseigne à faire le bien et à éviter le mal; or, le bien ne peut être une idée relative soumise aux caprices de l'usage, des temps ou des individus, le bien et le beau ne peuvent exister qu'à la condition d'être immuables, absolus, comme Dieu qui en est la source; et si le beau est la splendeur du vrai, le bien n'est-il pas aussi la splendeur du juste et du vrai?

C'est, dit Cicéron, *un principe éternel, immuable, que Dieu enseigne, d'après lequel il gouverne tous les hommes, dont il est l'Auteur, le Juge et le Vengeur.* Définition admirable qui indique tout à la fois l'origine du bien, son caractère immuable, obligatoire, et sa sanction.

Un Dieu personnel, juge et rémunérateur du bien; une âme immortelle, la certitude des peines et des récompenses éternelles, tels sont les fondements de la morale.

« Si la morale était d'institution humaine, dit M. J.
« Simon, dans son beau traité du *Devoir*, nous pour-
« rions discuter avec elle, lui obéir en ceci, lui refuser
« cela, établir un calcul de profits et pertes, dire : cette
« vertu me coûtera trop, à moi ou aux autres. Si la
« morale est éternelle, et si elle vient de Dieu, il faut la
« subir telle qu'elle est : son commandement peut être
« dur, mais il est immuable. »

Ainsi, tous les devoirs de l'homme dérivent de ses rapports avec Dieu.

Le premier de tous, c'est la manifestation de ce sentiment d'amour qui est de l'essence même de toute créature, et qui la rattache à son Créateur; c'est la religion qui, concentrée d'abord dans le culte intérieur, doit se manifester par le culte extérieur et public.

Puis, à côté de ce premier devoir, apparaissent, comme ayant la même origine, tous les autres devoirs de l'homme envers lui-même, envers la famille, la patrie et la société en général.

Il est donc possible d'établir, à l'abri de toute contradiction, un fonds commun de principes constants, universels et obligatoires pour tous les hommes; or ce sont ces principes qui constituent la morale.

Après avoir déterminé l'origine et le caractère de la morale, les anciens philosophes ont formulé ainsi le précepte duquel découlent tous nos devoirs :

« Ne faites pas aux autres ce que vous ne voudriez pas qu'on vous fît. »

Mais cette règle était évidemment insuffisante, car elle n'embrassait que les devoirs négatifs.

1.

Il était réservé au christianisme de la compléter en enseignant aux hommes les devoirs de charité renfermés dans le précepte de saint Matthieu :

« Aimez votre prochain comme vous-mêmes. Faites « aux autres tout le bien que vous pouvez désirer pour « vous-mêmes. »

C'est cette morale toute divine, la seule vraiment digne de ce nom, que nous voudrions voir enseigner avec autant de soin dans la plus petite école que dans les classes de philosophie, non pas en dehors de la religion, mais simultanément.

Ainsi, nous repoussons énergiquement cette morale indépendante qui a la prétention de s'affranchir de tout dogme religieux et de toute croyance philosophique.

Mais pour que l'enseignement de la morale soit efficace, pour qu'il soit permis d'espérer dans l'avenir les résultats que l'instruction ne donnera jamais sans la morale et la religion, il importe d'adopter une bonne méthode.

COMMENT DOIT-ON ENSEIGNER LA MORALE?

Puisque la morale repose sur des règles certaines, immuables, obligatoires, que tous les hommes doivent respecter, il faut l'enseigner aux enfants, non pas comme une étude simplement utile et propre à former leur esprit et leur cœur, mais comme une science indispensable, dont les préceptes sont sanctionnés par des peines inévitables.

Les lectures morales abondent dans les écoles; toutes ont pour but, en mettant sous les yeux des enfants des actions remarquables, des portraits puisés dans l'histoire, de leur enseigner qu'ils doivent sacrifier l'intérêt à l'honnêteté, leurs passions à leurs devoirs.

Pourquoi donc ne pas leur apprendre d'abord, en quelques leçons, que ces belles actions reposent sur des lois immuables auxquelles ils doivent se soumettre?

Quoique la Fontaine ait dit :

> « Une morale nue apporte de l'ennui,
> « Le conte fait passer le précepte avec lui. »

L'histoire ou l'allégorie proposée comme exemple produira bien plus d'impression sur l'intelligence des enfants quand ils pourront eux-mêmes la rapporter à la loi qu'ils connaîtront.

De même qu'en enseignant à faire une addition ou une multiplication, on expose la règle générale d'après laquelle devront se faire toutes les opérations de la même nature, de même la leçon de morale sera la règle générale à laquelle l'enfant apprendra à conformer sa conduite.

Les leçons morales tirées de l'histoire, les fables ou les contes moraux ont toujours un côté faible; c'est de laisser place au doute dans l'esprit des enfants; car ils savent fort bien, sans qu'on ait à le leur dire, que le lapin et la sarcelle, les deux pigeons, symboles de la plus tendre amitié, ne sont que des fictions. Quant aux faits remarquables de l'histoire, ils sont ou trop loin de nous, ou placés dans des régions inaccessibles aux enfants.

Il arrive alors que la leçon tirée de ces exemples, vrais ou imaginaires, n'est pas toujours efficace.

Pourquoi ne pas présenter la morale aux enfants telle qu'elle est, avec son caractère divin, c'est-à-dire comme une loi qui a son principe en Dieu, que les hommes ne peuvent point changer et à laquelle ils ne peuvent point se soustraire? Il est facile de faire comprendre aux enfants que toute loi doit être respectée; ils voient tous les jours des gendarmes arrêter les coupables qui ont violé les lois de la société. Il sera donc bien facile de leur faire comprendre que les lois morales, qui viennent de Dieu, doivent avoir leur sanction en Dieu même.

L'enfant ne sera-t-il pas mieux disposé à obéir à ses parents, à ses maîtres, à les aimer, à les respecter, à secourir ses semblables, à aimer sa patrie, quand il connaîtra la loi qui lui impose ces devoirs?

Ne sera-t-il pas mieux préparé à étudier son catéchisme, à écouter la voix du prêtre qui lui enseigne les principes de la religion, quand il apprendra dans son cours de morale qu'il a des devoirs à remplir envers Dieu, comme envers la société et envers lui-même?

Et alors, en même temps que les enfants apprendraient avec le catéchisme expliqué par le prêtre les devoirs de la religion, ils apprendraient également que la morale est une science fondée sur des règles obligatoires et auxquelles il faut se soumettre à tout âge; que l'observation fidèle de ces lois constitue le mérite et la vertu; que tous les vices, au contraire, sont une violation de la loi morale; que, par conséquent, la vertu doit être récompensée et le vice puni.

La religion et la morale, compagnes inséparables, seraient ainsi enseignées simultanément, se fortifiant l'une l'autre, et se prêtant un mutuel appui pour conduire l'homme à l'accomplissement de tous les devoirs, c'est-à-dire au vrai bonheur.

Tel est le but que nous nous sommes proposé en publiant ce livre. Pour lui donner un caractère classique, nous avons suivi et développé aussi simplement que possible le programme de l'enseignement secondaire spécial.

Nous espérons qu'il complétera, sous le rapport de l'enseignement moral, la série des ouvrages que nous avons publiés sur la *Législation française, usuelle et pratique*.

« Vivre honnêtement, ne léser personne, donner à chacun ce qui lui est dû. »

tels étaient les préceptes du droit romain. Chez nous, la loi n'a pas une aussi grande portée; elle est moins sévère que la Morale; c'est pourquoi il nous a paru nécessaire de placer à côté des devoirs légaux, les devoirs imposés par la Morale. Et toutes les fois qu'un de ces devoirs est aussi sanctionné par la loi, nous l'avons indiqué, afin que la certitude d'une punition immédiate maintienne, dans la voie du bien ceux que le sentiment du devoir et la crainte des peines réservées par Dieu aux coupables ne peuvent y retenir.

CHAPITRE PREMIER

Définition et but de la morale. — Le devoir. — La conscience. — Distinction du bien et du mal. — La vertu et le vice. — Une seule morale. — Morale chrétienne. — Mérite et démérite.

1. — La morale est la science de nos devoirs ; elle a pour but de diriger l'homme dans la pratique du bien.

2. — Le devoir c'est ce que nous devons faire ; faire son devoir c'est exécuter ce que la morale commande, éviter ce qu'elle défend.

3. — Cette science repose sur des règles certaines, immuables, que tous les hommes doivent respecter, et que par conséquent ils doivent étudier.

4. — Le bien, c'est ce qui est conforme à la raison, aux lois de la morale.

« Le bien est le contraire du mal ; c'est un principe éternel, immuable, que Dieu enseigne, d'après lequel il gouverne tous les hommes, dont il est l'auteur, le juge et le vengeur. »

(CICÉRON.)

Tout ce qui est bien est honnête, tout ce qui est honnête est bien.

Le bien n'est pas toujours conforme à nos intérêts matériels, à nos plaisirs physiques, il est quelquefois pénible à accomplir.

---

1. Qu'est-ce que la morale ?
2. Qu'est-ce que le devoir ?
3. La morale repose-t-elle sur des règles certaines ?
4. Qu'est-ce que le bien ; qu'est-ce que le mal ?

Le mal c'est ce qui est contraire aux lois de la morale.

5. — Sauf quelques exceptions heureusement très rares, l'enfant n'a qu'à obéir à ses parents et à ses maîtres pour distinguer le bien du mal, pour accomplir ses devoirs.

A mesure qu'il grandit, la raison que Dieu lui a donnée, développée et guidée par les conseils qu'il reçoit de ses parents et de ses maîtres, lui apprend à distinguer le bien du mal.

En effet, quand on a fait une bonne action, quand on a rendu service à un ami, on éprouve une satisfaction qui rend heureux. Au contraire, quand on a désobéi, quand on a fait une mauvaise action, quand on a fait du mal ou de la peine à quelqu'un, on éprouve un sentiment pénible, on est honteux, on baisse la tête, on fuit les regards de ses parents, de ses maîtres, parce que l'on craint d'être puni.

« Ainsi de la vertu les lois sont éternelles,
« Les peuples et les rois ne peuvent rien contre elle. »
(L. Racine.)

6. — La raison qui nous fait distinguer le bien du mal s'appelle la conscience morale.

7. — On ne se trompera jamais, pour discerner le bien du mal, en prenant pour guide cette règle primitive générale, obligatoire :

« Ne fais pas aux autres ce que tu ne voudrais pas qu'on te fît. »

8. — Du jour où nous savons distinguer le bien du mal, et où nous comprenons que le bien est conforme à la loi morale, que le mal est la violation de cette loi et que nous

---

5. Comment pouvons-nous distinguer le bien du mal ?
6. Qu'est-ce que la conscience morale ?
7. Est-il toujours facile de distinguer le bien du mal ?
8. Pourquoi doit-on faire le bien et éviter le mal ?

sommes libres de choisir, nous devons faire le bien et éviter le mal.

9. — L'accomplissement habituel de tous les devoirs constitue la vertu. Le mot vertu signifie force ; il fait comprendre qu'il faut du courage pour résister aux mauvaises passions qui nous poussent à mal faire et que, par conséquent, il y a du mérite à triompher dans cette lutte et à devenir un honnête homme.

10. — Le vice est la pratique habituelle du mal.

11. — Nous venons de voir que la raison nous fait toujours distinguer le bien du mal.

Cependant très-souvent les passions nous aveuglent, souvent aussi nous perdons la raison par notre faute, alors nous préférons faire le mal qui satisfait nos désirs. Mais quand le calme se rétablit dans l'âme, quand la raison reprend son empire, l'homme le plus pervers reconnait qu'il a mal fait, car la conscience ne trompe jamais celui qui la consulte sérieusement.

Il ne faut donc jamais s'exposer à perdre la raison en s'abandonnant à la colère, à la haine, au désir de la vengeance, à l'ivrognerie.

12. — La faute commise dans un moment où l'on a perdu volontairement la raison n'est pas excusable, parce qu'on est coupable de s'être exposé à la perdre.

13. — Il n'y a qu'une seule morale à laquelle doivent se rapporter toutes nos actions ; le bien et le juste sont immuables et ne peuvent être appréciés différemment suivant les temps ou les individus.

---

9. Qu'est-ce que la vertu ?
10. Qu'est-ce que le vice ?
11. Pourquoi nous laissons-nous aller si souvent à faire le mal ?
12. La faute commise dans un moment où on a perdu la raison est-elle excusable ?
13. Y a-t-il plusieurs morales ?

14. — On donne plus particulièrement le nom de morale religieuse à la partie de la morale qui nous enseigne nos devoirs envers Dieu.

DU MÉRITE ET DU DÉMÉRITE.

15. — Le mérite consiste à se conformer courageusement, malgré tous les obstacles, à la règle obligatoire.

Le démérite consiste à enfreindre cette même règle, en obéissant lâchement au penchant qui nous entraîne.

Il suit de là qu'une action est d'autant plus méritoire qu'il fallait plus d'efforts et de sacrifices pour l'accomplir ; une faute est d'autant plus grande qu'il était plus facile de l'éviter.

Il est donc juste que la société estime et récompense celui qui se conforme à la règle, qu'elle méprise et punisse celui qui préfère sa satisfaction personnelle à son devoir.

16. — Nous devons toujours nous conduire conformément aux règles de la morale, faire le bien, sans espérer une récompense, éviter le mal sans être retenus par la crainte d'un châtiment, dans le seul but d'accomplir nos devoirs.

Celui qui ne dérobe pas le bien d'autrui, uniquement parce qu'il craint la prison, est aussi coupable aux yeux de Dieu que le voleur.

En effet, la religion nous défend, par le dixième commandement de Dieu, non-seulement de dérober, mais même de désirer le bien d'autrui.

17. — C'est principalement l'intention, selon qu'elle est bonne ou mauvaise, qui constitue le mérite ou le démérite.

---

14. Qu'appelle-t-on morale religieuse?
15. Qu'est-ce que le mérite?
16. Ne faut-il faire le bien et éviter le mal que pour obtenir une récompense ou pour éviter une punition?
17. Qu'est-ce qui constitue le mérite ou le démérite?

Ainsi, quand on fait le bien sans avoir intention de le faire, on n'a aucun mérite.

18. — Pour qu'une action soit morale, il ne suffit donc pas qu'elle soit bonne, il faut qu'elle soit faite avec l'intention de bien faire.

Je suis coupable si j'essaye de faire du mal à quelqu'un quoiqu'en réalité il n'éprouve aucun dommage.

Un écrivain grec du troisième siècle, Élien, disait :

« Le méchant n'est pas seulement celui qui a commis une injustice, « mais encore celui qui a eu l'intention de la commettre. »

— Il faut encore que le but que l'on se propose et les moyens que l'on emploie pour l'atteindre soient également bons.

Ainsi il n'est jamais permis de donner la mort à un individu pour lui épargner des souffrances ; le but serait bon, mais le moyen serait mauvais ; l'action serait donc contraire à la morale.

On doit s'abstenir également de commettre une action, si utile qu'elle soit, quand elle n'est pas honnête. C'est ainsi que les Athéniens, sur le conseil d'Aristide, refusèrent de brûler la flotte des Lacédémoniens dont ils pouvaient se rendre maîtres secrètement ; ils décidèrent que ce moyen qui n'était pas honnête ne pouvait être utile.

19. — Ces notions préliminaires nous font voir que la morale est plus sévère que les lois, puisqu'elle comprend la généralité de nos devoirs.

En effet, la charité, la bienfaisance, la bonne foi et la piété nous imposent un grand nombre de devoirs qui ne sont pas prescrits par les lois.

20. — La morale nous oblige en outre à nous abstenir de

---

18. Que faut-il pour qu'une action soit morale ?
19. La morale est-elle plus sévère que les lois ?
20. Tout ce qui n'est pas défendu par la loi est-il permis ?

beaucoup de fautes que le législateur ne peut pas punir, parce qu'il les ignore.

Ainsi la loi ne défend pas les mauvaises pensées, elle ne punit pas l'intempérance, la gourmandise.

Par conséquent, tout ce qui n'est pas défendu par la loi n'est pas permis.

21. — Puisque l'idée du bien nous vient de Dieu, Dieu est donc le principe de la morale ; sans lui il n'y a pas de morale possible.

22. — Puisque la morale a une origine divine, nous ne pouvons pas nous soustraire à ses commandements, ni les modifier au gré de nos plaisirs et de nos intérêts, et nul ne peut en violer impunément les lois.

« Si la morale était d'institution humaine, nous pourrions disputer
« avec elle, lui obéir en ceci, lui refuser cela, établir un calcul de
« profits et pertes; dire : cette vertu me coûtera trop, à moi ou aux
« autres. Si la morale est éternelle, et si elle vient de Dieu, il faut
« la subir telle qu'elle est : son commandement peut être dur, mais il
« est immuable. »

(J. Simon, *le Devoir*.)

23. — Ainsi la loi morale impose à l'homme l'obligation de faire le bien. Elle est universelle, c'est-à-dire obligatoire pour tous les hommes ; absolue, c'est-à-dire qu'elle ne peut être interprétée différemment suivant les temps, les lieux, les individus et les circonstances; invariable, c'est-à-dire que nul ne peut la modifier au gré de ses intérêts.

---

21. Quel est le fondement de la morale?
22. Pourquoi les lois de la morale sont-elles obligatoires?
23. Que nous impose la loi morale, quel est son caractère?

DIVISION DES DEVOIRS.

23 bis. — On divise généralement les devoirs en trois classes :

1° Devoirs de l'homme envers Dieu,
2°   —   envers lui-même,
3°   —   envers ses semblables.

CHAPITRE II

Devoirs envers Dieu.

MORALE RELIGIEUSE. — PROVIDENCE DIVINE. — CULTE.

24. — L'existence du monde nous révèle l'existence de Dieu; en effet, il est impossible d'admettre que la matière s'est créée elle-même, qu'elle se gouverne seule ; que tous les astres qui obéissent à des mouvements réguliers se sont placés d'eux-mêmes dans le ciel ; que l'homme, les animaux, les plantes, ont toujours existé ou se sont créés d'eux-mêmes; tout nous prouve le contraire.

Quand nous entrons dans une maison bien organisée, dans un jardin magnifique, bien entretenu, nous comprenons qu'un ouvrier habile a construit cette maison, distribué à leur place les fleurs qui embellissent ce jardin, et que chaque jour un maître intelligent préside à l'ordre que nous admirons.

Le monde lui-même a donc été créé et le créateur de cette œuvre admirable est seul capable de la gouverner.

---

23 bis. Comment divise-t-on les devoirs?
24. Donnez une preuve de l'existence de Dieu.

Or, quel est ce créateur, si ce n'est Dieu ? Quel autre que lui pouvait soumettre la nature à des lois que l'homme ne connaît point encore ?

> « Oui, c'est un Dieu caché, que le Dieu qu'il faut croire ;
> « Mais, tout caché qu'il est, pour révéler sa gloire,
> « Quels témoins éclatants, devant moi rassemblés !
> « Répondez, cieux et mers, et vous, terre, parlez ?
> « Quel bras peut vous suspendre, innombrables étoiles ?
> « Nuit brillante, dis-nous qui t'a donné tes voiles ?
> « O cieux, que de grandeur et quelle majesté !
> « J'y reconnais un maître à qui rien n'a coûté,
> « Et qui, dans nos déserts, a semé la lumière,
> « Ainsi que, dans nos champs, il sème la poussière. »
> (L. Racine.)

25. — La raison nous enseigne que Dieu est infini, c'est-à-dire qu'il n'a pas de limites.

Il est éternel, c'est-à-dire qu'il n'a pas eu de commencement et qu'il n'aura pas de fin.

> « Reconnaissons du moins celui par qui nous sommes,
> « Celui qui fait tout vivre, et qui fait tout mouvoir :
> « S'il donne l'être à tout, l'a-t-il pu recevoir ?
> « Il précède les temps : qui dira sa naissance ?
> « Par lui l'homme, le ciel, la terre, tout commence,
> « Et lui seul, infini, n'a jamais commencé. »
> (L. Racine.)

Il est tout-puissant, car rien ne peut s'opposer à sa volonté. Il peut ce qu'il veut.

Il est infiniment bon, car il est infiniment parfait.

Enfin il est infiniment juste.

26. — Puisque Dieu existe, que lui seul a créé le monde, notre premier devoir envers lui est de croire à son existence.

La plus grande peine, en effet, que l'on puisse faire à quel-

---

25. Quelles sont les principales perfections de Dieu ?
26. Pourquoi devons-nous croire en Dieu ?

qu'un, c'est de le méconnaître et de nier qu'il soit l'auteur de ses œuvres.

27. — Puisque Dieu est infiniment puissant, infiniment juste, il faut le respecter plus que toute autre puissance et l'adorer.

28. — Adorer Dieu, c'est lui rendre le culte qui lui est dû pour ses perfections et sa majesté.

On n'adore Dieu qu'en l'aimant, a dit saint Augustin.

29. — Dieu est infiniment bon, il nous a donné la vie, il nous fournit tous les jours les moyens de la conserver.

Il est l'auteur de tout bien, tout le bonheur qui nous arrive vient de lui ; aimons-le donc plus que toute chose.

> « Il nous donne ses lois, il se donne lui-même,
> « Pour tant de biens il commande qu'on l'aime. »
> (J. Racine.)

30. — Dieu est infiniment juste. Ayons confiance en lui, soumettons-nous à sa volonté sans murmurer, demandons-lui ce dont nous avons besoin et attendons de sa justice et de sa bonté ce qui doit nous arriver.

31. — Dieu, infiniment juste, voit tout et sait tout ; nous devons avoir la certitude qu'il récompensera les bons et punira les méchants.

La société ne récompense pas toutes les bonnes actions parce qu'elle ne peut pas toujours les connaître ; quelquefois aussi la justice des hommes est exposée à se tromper ; mais Dieu, qui voit tout, ne confondra pas les coupables avec les innocents et jugera chacun selon ses œuvres.

---

27. Pourquoi devons-nous adorer Dieu?
28. Qu'est-ce qu'adorer Dieu?
29. Pourquoi devons-nous aimer Dieu?
30. Pourquoi devons-nous nous conformer à la volonté de Dieu?
31. Quelle conséquence doit-on tirer de la justice divine?

L'enfant qui sera persuadé de cette vérité ne commettra jamais, en secret, la faute qu'il n'oserait pas commettre devant son père, sa mère ou ses maîtres. S'il n'est pas vu d'eux, il est vu du souverain juge, qui est partout.

32. — Dieu est donc le fondement indispensable de la morale, puisque sans lui tous les crimes ignorés des hommes seraient impunis.

PROVIDENCE DIVINE.

33. — Dieu n'a pas seulement créé le monde, il le gouverne et rien ne peut arriver sans sa volonté.

L'acte par lequel Dieu conserve l'existence aux êtres qu'il a créés et par lequel il les dirige tous vers leur destinée se nomme Providence divine.

Tous les peuples anciens ont cru comme nous à la Providence, puisqu'ils adressaient aux dieux des prières et des sacrifices. Or, ils ne priaient que parce qu'ils étaient persuadés que les dieux ne les abandonnaient point. (CICÉRON, livre Ier, de la Nature des dieux.)

Nous-mêmes si nous levons les yeux au ciel et si nous invoquons la clémence ou la protection de Dieu, n'est-ce pas parce qu'il veille sur nous et parce que nous espérons le fléchir par nos prières?

Ainsi les pratiques religieuses qui ont existé depuis la création du monde démontrent que tous les peuples ont admis comme nous la Providence divine.

Comment en effet ne pas y croire à moins de nier l'existence de Dieu même?

« Le Seigneur regarde du haut des cieux; il contemple tous les en-
« fants des hommes; il a formé le cœur de chacun d'eux; il connaît par-
« faitement toutes leurs œuvres. Les rois ne se sauvent point par le grand

---

32. Quel est le fondement indispensable de la morale?
33. Qu'est-ce que la Providence divine?

« nombre de leurs troupes ; les plus forts ne se retirent pas du péril par
« la grandeur de leur force ; mais les yeux du Seigneur sont sur ceux
« qui le craignent et sur ceux qui espèrent en sa miséricorde pour sau-
« ver les âmes de la mort et pour les nourrir durant la famine. »

(Ps. XXXII, v. 10.)

CULTE OU RELIGION.

34. — La meilleure manière de témoigner à Dieu notre reconnaissance, notre respect et notre amour, c'est de nous conduire conformément aux préceptes de la morale et de la religion, en faisant le bien et en évitant le mal.

Celui qui aime Dieu et qui le craint sera toujours honnête, et Dieu lui sera propice.

35. — L'hommage rendu à Dieu par celui qui l'aime, qui l'honore et qui le prie, s'appelle culte ou religion.

36. — Puisque nous avons des devoirs à remplir envers Dieu, que ces devoirs constituent la religion, nous sommes donc obligés de faire ce que la religion nous enseigne.

37. — Nous avons vu que Dieu n'a pas seulement créé le monde, qu'il le gouverne continuellement, qu'il règle tout et pourvoit à tout ; nous devons donc non-seulement l'adorer, le respecter et nous conformer à sa volonté, nous devons encore le prier et invoquer sa divine protection, parce qu'il est infiniment puissant et que nous avons sans cesse besoin de lui.

38. — Il faut nous abstenir de demander à Dieu les biens

---

34. Comment devons-nous témoigner notre reconnaissance à Dieu ?
35. Qu'appelle-t-on culte ou religion ?
36. Le culte est-il un devoir ?
37. Pourquoi devons-nous prier Dieu ?
38. Comment devons-nous prier Dieu ?

temporels, c'est-à-dire la richesse, les places, les honneurs qui satisfont notre vanité et notre ambition.

« Ne demandez à Dieu ni grandeurs ni richesse,
« Mais pour vous gouverner demandez la sagesse. »
(*Maxime de la sagesse.*)

Nous devons avant tout nous soumettre à sa volonté : « *Que votre volonté soit faite,* » lui demander notre pain de chaque jour, c'est-à-dire tout ce qu'il juge lui-même convenable de nous accorder, et le remercier des biens qu'il nous donne.

Implorer sa miséricorde pour les fautes que nous commettons, et lui demander la force de résister à la tentation du mal. La meilleure de toutes les prières, celle que nous devons constamment adresser à Dieu, c'est celle que la religion chrétienne enseigne à ses fidèles comme venant de Dieu même : c'est le *Notre Père.*

CULTE INTÉRIEUR. — CULTE EXTÉRIEUR. — CULTE PUBLIC.

39. — Il y a trois sortes de cultes :
Le culte intérieur, le culte extérieur et le culte public.

40. — Le culte est intérieur quand nous prions mentalement sans aucune manifestation extérieure; dans ce cas l'âme seule prend part au culte qu'elle rend à Dieu.

41. — Le culte est extérieur quand nous prions en prononçant des paroles et en nous mettant à genoux; l'âme et le corps accomplissent en ce cas l'acte religieux.

42. — On appelle culte public les cérémonies religieuses par lesquelles nous adressons publiquement et en commun nos prières à Dieu.

---

39. Combien distingue-t-on de sortes de cultes ?
40. Qu'est-ce que le culte intérieur ?
41. Qu'est-ce que le culte extérieur ?
42. Qu'est-ce que le culte public ?

43. — Il ne suffit pas d'adorer Dieu, de l'honorer et de le prier intérieurement et extérieurement, il faut encore lui rendre publiquement le culte qui lui est dû.

On honore publiquement tous les souverains de la terre, on ne s'approche de leur trône qu'avec respect, en se conformant au cérémonial usité dans chaque pays.

Ils sont environnés de richesses et des plus beaux chefs-d'œuvre de l'art ; des soldats nombreux et brillants maintiennent l'ordre autour d'eux et sur leur passage. Il est juste que Dieu, le roi des rois, soit honoré publiquement comme le premier et le plus grand des souverains.

L'homme cesserait d'ailleurs bientôt de prier Dieu intérieurement si le culte public ne lui rappelait pas de temps en temps le premier de ses devoirs ; et, comme il est un être éminemment sociable, sa foi, ses convictions se fortifient par la foi et les convictions de ses semblables, et la prière de tous excite et ranime la prière de chacun.

CHAPITRE III

Devoirs de l'homme envers lui-même.

44. — L'homme est un être raisonnable composé d'un corps et d'une âme, d'une substance matérielle et d'une substance spirituelle.

45. — Il est le roi de la création ; il doit contribuer à l'harmonie universelle en faisant le bien et en évitant le mal.

Né dans une société qui marche continuellement vers la

---

43. Le culte public est-il indispensable?
44. Qu'est-ce que l'homme?
45. Pourquoi l'homme a-t-il été créé?

perfection, il doit s'améliorer lui-même, afin d'être utile à ses semblables, en cultivant les facultés que Dieu lui a données.

46. — Il se conformera à la volonté de Dieu et il accomplira sa destinée, en remplissant exactement tous ses devoirs.

§ 1. — DEVOIRS ENVERS LE CORPS.

47. — Le corps est destiné à exécuter les volontés de l'âme; nous devons donc l'entretenir en bon état autant qu'il dépendra de nous.

48. — La propreté, qui est une des conditions de la santé, est un des premiers devoirs de l'homme envers lui-même.

49. — La tempérance est une vertu qui modère tous les désirs des sens; elle consiste principalement à ne faire aucun excès de nourriture et de boisson. Elle est un devoir, car rien ne nuit plus à l'harmonie admirable que Dieu a établie entre toutes les parties de notre corps que les excès qui détruisent la santé et qui amènent toujours à leur suite quelques infirmités.

A Sparte, on punissait à coups de fouet les enfants chez qui la faiblesse ou l'embonpoint venait de l'oisiveté.

50. — Si nous devons conserver notre corps comme une admirable machine, ouvrage de Dieu, à plus forte raison ne faut-il pas le mutiler ni le détruire.

Se mutiler, c'est se faire volontairement une blessure, se couper un doigt, un membre.

La loi qui punit d'un mois à un an de prison le conscrit

---

46. Comment l'homme peut-il atteindre le but pour lequel Dieu l'a créé?
47. Pourquoi devons-nous soigner notre corps?
48. Quel est le premier devoir envers le corps?
49. Qu'est-ce que la tempérance, est-elle un devoir?
50. Est-il permis de se faire volontairement une blessure?

qui se rend malade, ou qui se fait une blessure pour se soustraire au service militaire, est donc parfaitement d'accord avec la morale.

51. — Comme conséquence de ce principe, le suicide est formellement défendu.

La misère, les souffrances, la honte, rien ne peut l'excuser.

L'homme doit sa vie à Dieu qui la lui a donnée; il la doit à la société, à sa famille qui peuvent la réclamer; il n'a donc pas le droit d'en disposer.

D'ailleurs, la vie est une lutte continuelle contre tous les obstacles qui rendent difficile l'accomplissement des devoirs; l'abandonner avant que Dieu nous rappelle est une lâcheté.

52. — Le méchant est certainement inutile à la société, quelquefois même il est dangereux; c'est pourquoi on le met en prison. Il arrive même qu'on le condamne à mort. Mais l'homme de bien est toujours utile à ses semblables, et quand la misère et les infirmités ne lui permettent plus de soulager ceux qui souffrent comme lui, il leur donne encore un exemple salutaire en supportant avec résignation les malheurs et les peines que Dieu lui envoie; il n'est donc jamais permis de se donner la mort.

53. — Toutefois s'il ne nous est jamais permis de nous ôter la vie, nous ne devons pas hésiter à nous exposer à la mort quand ce sacrifice est demandé comme l'accomplissement d'un devoir.

Ainsi le soldat qui marche sans hésiter à une mort certaine, pour obéir à l'ordre qu'il a reçu, accomplit un devoir.

Reculer ou chercher à se cacher dans ces circonstances,

---

51. Le suicide n'est-il jamais permis?
52. N'est-on pas quelquefois inutile à la société?
53. N'est-ce pas quelquefois un devoir d'exposer sa vie?

2.

pour éviter le danger dont on est menacé, serait une lâcheté.

54. — Mais en soignant le corps pour l'entretenir en bonne santé il ne faut pas l'amollir, ni l'affaiblir par trop de ménagements ; il faut au contraire le fortifier, l'endurcir et l'habituer par le travail et de fréquents exercices à supporter la fatigue, la douleur, quelquefois même les privations.

55. — Tous les exercices qui ont pour résultat de fortifier le corps, de le rendre plus souple, plus adroit, tels que les exercices de gymnastique, doivent être préférés aux amusements inutiles.

56. — Un exercice important qu'il ne faut pas négliger, que nous considérons même comme un devoir, c'est la natation. Celui qui, par insouciance ou par défaut d'énergie, n'apprend pas à nager est coupable.

Il s'expose à perdre la vie et se met volontairement dans l'impossibilité de secourir son semblable.

57. — Toutefois, il est des jeux qui ne sont point un délassement, ni un exercice salutaire et dont il faut s'abstenir ; ce sont les jeux de hasard, les jeux de cartes et en général tous ceux par lesquels on s'expose à gagner ou à perdre de l'argent.

L'enfant, quelle que soit sa position, ne doit point avoir d'argent à exposer aux jeux de hasard ; les petites sommes qu'il possède, économisées avec soin, seraient peut-être un jour une ressource utile pour lui et pour sa famille.

D'ailleurs le jeu conduit à l'inexactitude, à la paresse, au mensonge, quelquefois même au vol.

L'enfant honnête ne se laissera donc pas entraîner sur cette

---

54. Comment devons-nous entretenir notre corps en bonne santé ?
55. Certains exercices ne doivent-ils pas être préférés à d'autres ?
56. N'en est-il pas même qui sont un devoir ?
57. Certains jeux ne sont-ils pas défendus ?

pente dangereuse, de peur de perdre l'estime de ses maîtres, de la société, et de compromettre l'honneur de sa famille.

58. — La sobriété, l'habitude du travail, les exercices sont donc les meilleurs moyens que nous puissions employer pour fortifier notre corps.

En fortifiant notre corps, en l'entretenant en bonne santé, nous fortifions aussi notre âme et nous les disposons merveilleusement l'un et l'autre à accomplir courageusement tous les devoirs que la morale nous impose.

59. — Un jour un des enfants qui servaient Alexandre le Grand dans une cérémonie religieuse, se laissa tomber un charbon ardent sur le bras, en tenant l'encensoir ; quoiqu'il éprouvât une vive douleur, il garda le silence et resta immobile dans la crainte d'interrompre le sacrifice.

Ce brave enfant, qui comprenait si bien le respect que doit inspirer un temple, aurait certainement supporté avec courage et résignation l'opération la plus douloureuse ou se serait exposé, sans hésitation, au plus grand péril pour rendre un service.

60. — Malheur à celui qui permet à son corps de prendre de mauvaises habitudes, car le corps devient ainsi un serviteur indocile dont l'âme n'est plus maîtresse.

La paresse n'est qu'un repos trop prolongé ; la gourmandise n'est qu'une trop grande complaisance pour satisfaire les désirs de l'estomac, et ces deux vices sont la source de tous les autres ; évitons donc avec soin de les contracter, en dormant trop longtemps et en mangeant au delà de ce qui nous est nécessaire.

Les bonnes intentions de l'âme restent sans résultat, le

---

58. Comment pouvons-nous fortifier notre corps ?
59. Citez un exemple de courage donné par un enfant.
60. Faites connaître quelques conséquences des mauvaises habitudes.

corps ne lui obéit plus, quand elle a négligé pendant quelque temps de lui résister; c'est un cheval fougueux qu'un imprudent écuyer a laissé quelque temps en liberté, et qu'il ne peut plus conduire.

61. — Alexandre, après avoir vaincu tous les peuples qui lui avaient résisté, fut vaincu par ses passions, et succomba à la suite d'excès de boissons.

César, au contraire, qui était d'une violence extrême, finit par vaincre sa colère comme il avait vaincu ses ennemis.

62. — Puisqu'il faut une force et une volonté extraordinaires pour se corriger des mauvaises habitudes que l'on a contractées, pour lutter contre les défauts qui naissent en foule et qui grandissent rapidement, quand on s'abandonne à ses passions au lieu de suivre les bons conseils de ses maîtres et de ses parents, le mieux est de résister tout d'abord aux mauvaises inspirations qui nous font oublier nos devoirs.

63. — L'ivresse est de tous les vices celui qui inspire le plus d'horreur et de dégoût; l'ivresse produit la folie et fait commettre des actions dont on rougit toujours quand on en est guéri, l'ivresse nous abaisse au rang des bêtes, qui commettent sans le savoir des actions honteuses.

Non-seulement l'ivresse augmente tous nos défauts, elle nous en donne même que nous n'avons pas.

« Un homme ivre est un démon volontaire qui est responsable de tout
« le mal qu'il peut faire dans la chaleur du vin. »

(Ed. Coke.)

C'est donc justement que la société méprise tous ceux qui s'exposent à perdre la raison en faisant des excès de boissons,

---

61. Donnez quelques exemples.
62. Quel est le moyen le plus sûr pour ne pas contracter une mauvaise habitude?
63. Que faut-il penser de l'ivresse?

et que les tribunaux les condamnent, quand ils commettent quelques fautes prévues par le code pénal.

§ 2. — DEVOIRS ENVERS L'ÂME.

64. — L'âme, faite à l'image de Dieu, est une substance spirituelle et immortelle qui anime le corps.

65. — Contrairement aux animaux que leur instinct dirige toujours de la même manière, l'homme a une intelligence qui peut s'améliorer et se perfectionner par l'étude, la réflexion et le travail. Il doit la cultiver continuellement, s'éclairer, s'instruire, afin de remplir plus convenablement ses devoirs envers Dieu, envers la société et envers lui-même.

66. — Puisque l'homme est obligé de perfectionner son âme par l'étude et le travail, il commet une faute en perdant son temps à des lectures frivoles, quand même elles ne sont pas immorales.

Les bonnes lectures nous fortifient dans l'accomplissement de nos devoirs. Les mauvaises nous découragent, nous amollissent, faussent notre jugement et nous amènent souvent à ne plus savoir distinguer le bien du mal, le beau du laid, le vice de la vertu. Par conséquent, c'est être coupable et manquer à ses devoirs que de lire de mauvais livres.

67. — C'est un devoir d'employer son temps à des travaux utiles pour soi et pour les autres. Il faut donc éviter avec soin de le perdre inutilement à des occupations puériles.

« Ne perdez point le temps à des choses frivoles,
« Le sage est ménager du temps et des paroles. »
(*Maxime de la Sagesse.*)

---

64. Qu'est-ce que l'âme ?
65. Pourquoi devons-nous cultiver notre intelligence ?
66. Quelles lectures devons-nous préférer ?
67. Comment devons-nous employer notre temps ?

Ce n'est pas qu'il faille toujours travailler sans se distraire et sans se reposer ; mais la distraction et le repos doivent avoir pour but de fortifier l'intelligence et le corps pour les préparer à de nouvelles occupations.

68. — L'exercice, la promenade, la gymnastique seront les meilleurs moyens de reposer l'intelligence.

69. — Les bonnes lectures et les occupations intellectuelles seront pour le corps le repos le plus salutaire.

70. — Le travail a été imposé à l'homme par Dieu lui-même ; c'est par le travail que l'homme se rend utile à ses semblables ; le travail est donc obligatoire pour tous les hommes, quelle que soit leur position.

C'est pourquoi la société estime toujours et récompense même souvent les travailleurs actifs et intelligents.

Aussi rien n'est plus contraire au devoir que la paresse et l'oisiveté, et ce défaut, qui produit tous les vices, nous mène inévitablement aux plus grandes fautes.

C'est l'oisiveté et la paresse qui conduisent au mensonge, au vol, à la débauche.

Le paresseux manque à tous ses devoirs, envers Dieu, envers lui-même et envers la société. Instruisons-nous donc pendant que nous sommes jeunes, afin d'accomplir la destinée pour laquelle Dieu nous a mis sur terre.

« A trente ans tu diras, des plaisirs détrompé :
« L'homme le plus heureux, c'est le plus occupé. »
(Conseils d'un père à son fils.)

---

68. Comment doit-on reposer l'intelligence ?
69. Quel repos doit-on rechercher pour le corps ?
70. En quoi l'oisiveté et la paresse sont-elles un défaut ?

CHAPITRE IV

Devoirs de l'homme envers ses semblables.

71. — L'homme n'a pas été créé pour lui seul, mais bien pour la famille, pour la patrie et pour tous ses semblables ; c'est pourquoi il a des devoirs à remplir envers les autres hommes.

72. — Les devoirs de l'homme envers ses semblables reposent sur ces deux maximes :

« Ne faites pas aux autres ce que vous ne voudriez pas qu'on vous « fît. »
« Faites au contraire tout le bien que vous pouvez désirer pour vous-« même ; aimez votre prochain comme vous-même. »
(*Évangile selon saint Matthieu*, chap. vii, v. 12.)

La première de ces maximes comprend les devoirs de justice.

La seconde les devoirs de charité.

La première était la base de la philosophie païenne. La seconde a été enseignée aux hommes et développée par le christianisme.

73. — Ces devoirs se subdivisent encore en deux classes : La première comprend les devoirs généraux imposés à tous les hommes envers les autres hommes, dans toutes les conditions ; la seconde comprend les devoirs particuliers, c'est-

---

71. Pourquoi l'homme a-t-il des devoirs à remplir envers ses semblables ?
72. Sur quels principes reposent les devoirs de l'homme envers ses semblables ?
73. Comment divise-t-on les devoirs de l'homme envers ses semblables ?

à-dire les devoirs de famille, les devoirs envers l'État et les devoirs professionnels qui résultent plus spécialement de la profession que l'on exerce, de la position que l'on occupe.

§ 1. — DEVOIRS DE JUSTICE.

> « Malheur à celui qui préfère la vie à la justice ; sa carrière sera tôt ou tard obscurcie par des faiblesses indignes de lui. »
> (Le R. P. MARCHAL.)

74. — La justice consiste à rendre à chacun ce qui lui est dû.

> « Sans la justice il n'y a rien d'honnête. »
> (CICÉRON, *de Off.*, l. XIX.)

75. — Ne faire de mal à personne, rendre à chacun ce qui lui appartient, ne jamais s'emparer du bien d'autrui, ne causer aucun dommage aux choses dont on n'est pas propriétaire, ne pas même y toucher, ne pas dire du mal de son prochain, rendre hommage sans jalousie et avec franchise au mérite des autres ; en un mot ne pas faire aux autres ce que l'on ne voudrait pas endurer, tels sont les principaux devoirs de l'homme juste.

76. — Le premier des devoirs sociaux est de respecter la vie et la liberté de ses semblables.

Personne n'a donc le droit d'enfermer un autre individu, de le priver de sa liberté et de lui infliger des mauvais traitements. Ce droit n'appartient qu'aux magistrats, dans l'intérêt de la société, dans les cas prévus par la loi ; aux parents et aux

---

74. Qu'est-ce que la justice ?
75. Comment doit se conduire un homme juste ?
76. Quel est le premier devoir de l'homme envers ses semblables ?

maîtres dans les limites du pouvoir paternel. En dehors de ces cas, la loi punit de peines très-sévères celui qui se permet d'enfermer quelqu'un arbitrairement [1].

77. — Il résulte de ce principe combiné avec le devoir imposé à l'homme de ne point attenter à ses jours, que le duel n'est jamais permis, puisqu'en se battant on s'expose sans nécessité à perdre la vie et à donner la mort à son semblable.

L'honnête homme outragé ne doit point se faire justice à lui-même, encore moins accepter un mode de réparation qui l'expose à se faire tuer.

Quant à l'offenseur qui a porté atteinte à l'honneur d'autrui, il doit réparer la faute qu'il a commise; et il montre plus de courage en faisant des excuses qu'en acceptant ou en provoquant un mode de réparation qui n'est qu'une nouvelle faute plus grande que la première.

« Gardez-vous de confondre le nom sacré d'honneur avec ce préjugé féroce qui met toutes les vertus à la pointe d'une épée, et n'est propre qu'à faire de braves scélérats. »
(J.-J. Rousseau.)

78. — Puisque tous les hommes doivent travailler à leur perfectionnement en se soumettant aux lois de la société et aux règles de la morale, il est évident que l'esclavage est une violation des lois divines et humaines; car nul homme n'a le droit d'asservir un autre homme à ses volontés.

79. — Nous devons non-seulement respecter la vie et la liberté de nos semblables, nous sommes aussi obligés de respecter leur propriété, Dieu nous en fait un devoir.

[1] Voir nos premiers éléments de droit.

---

77. Le duel est-il permis?
78. L'esclavage est-il un état contraire à la morale?
79. Quels sont nos devoirs envers la propriété d'autrui?

« Le bien d'autrui tu ne prendras
« Ni retiendras en le sachant. »

« Biens d'autrui ne désireras
« Pour les avoir injustement. »

Ne léser personne, rendre à chacun ce qui lui est dû, tels étaient déjà les préceptes du droit chez les Romains.

Il n'est donc jamais permis de voler, c'est-à-dire de prendre ce qui ne nous appartient pas.

La misère, si pressante qu'elle soit, n'est jamais une excuse; sans doute les pauvres sont presque toujours dignes de pitié; mais dans une société où la charité ne laisse personne dans une nécessité extrême, il n'est jamais permis de prendre ce que l'on peut obtenir de la bienveillance de ses semblables.

Trois puissances nous imposent ce devoir: la religion, la morale, et la loi qui punit toujours les voleurs.

Les enfants qui volent leurs parents commettent donc une faute grave contre la morale et la religion.

80. — Le vol ne consiste pas seulement à soustraire frauduleusement un objet quelconque au domicile ou dans la poche de son voisin; cueillir ou ramasser des fruits ou d'autres productions de la terre, dans un jardin ou dans les champs, c'est voler.

Nous devons donc toujours nous abstenir d'user des choses qui ne nous appartiennent pas.

81. — Employer à notre usage personnel une chose ou une somme d'argent que l'on nous a confiée pour la remettre à quelqu'un, c'est une faute très-grave que la loi qualifie d'abus de confiance et qu'elle punit très-sévèrement.

Dans quelque position que nous soyons, quels que soient nos fonctions ou notre emploi, ne dépensons donc jamais une somme d'argent qui nous a été confiée pour faire une ac-

---

80. Indiquez quelques actions qui sont des vols.
81. Qu'est-ce que l'abus de confiance?

quisition, un placement, ou pour la remettre à quelqu'un.

82. — Conserver ce que l'on a emprunté c'est voler; c'est priver le véritable propriétaire de la chose qui lui appartient.

83. — Ne pas rendre un objet que l'on a reçu en dépôt, c'est encore voler. Aussi la loi punit le dépositaire infidèle comme celui qui commet un abus de confiance.

84. — Acheter un objet de luxe, se faire servir à boire ou à manger dans une auberge ou un restaurant, lorsqu'on sait ne pouvoir pas payer, c'est commettre une mauvaise action que la loi punit dans certains cas.

85. — L'employé, le commissionnaire, le domestique qui trompe son patron ou son maître en lui faisant payer l'objet qu'il a acheté plus cher qu'il ne l'a réellement payé, commet un abus de confiance.

On doit encore considérer comme un abus de confiance le fait de l'ouvrier ou du domestique, qui loue ses services au jour ou à l'année et qui travaille pour lui, clandestinement, sans la permission de son maître, ou qui n'emploie pas son temps consciencieusement.

86. — Tricher au jeu c'est voler; car c'est gagner avec certitude l'enjeu dont le sort et l'habileté du joueur devaient seuls disposer.

L'insensé qui commet une pareille faute doit donc être exclu avec mépris de toute société. Le fait de tricher au jeu constitue d'ailleurs le délit d'escroquerie que la loi punit d'un an de prison au moins et de cinq ans au plus.

---

82. Quel est le devoir de l'emprunteur?
83. Quel est le devoir du dépositaire?
84. Quelle faute commet celui qui achète un objet de luxe ou qui se fait donner à boire et à manger sans pouvoir payer?
85. Quelle faute commet l'employé qui trompe son maître sur le prix des acquisitions qu'il fait?
86. Quelle faute est-ce que tricher en jouant?

86 bis. — Tromper l'acheteur sur la nature des marchandises qu'il achète, c'est le voler; on s'expose donc dans ce cas à être condamné à la prison. (*Voir notre Droit usuel.*)

87. — C'est un devoir imposé non-seulement par la morale, mais encore par les lois civiles, de payer ses créanciers, ses domestiques, les ouvriers que l'on emploie, les marchands qui nous fournissent les choses dont nous avons besoin; car c'est rendre uniquement l'équivalent d'un service reçu ou la valeur d'une chose qui nous a été utile; ne pas payer ce que nous devons, c'est donc conserver ce qui ne nous appartient pas.

Celui qui a des dettes, et qui, au lieu de se priver de quelque chose, au lieu d'économiser pour les payer, dépense trop largement ou inutilement ce qu'il gagne, est coupable envers son créancier; l'argent qu'il dépense n'est pas à lui puisqu'il le doit.

Les Perses, plus sévères que nous sous ce rapport, méprisaient comme un menteur celui qui contractait des dettes.

« Du pauvre qui vous doit n'augmentez pas les maux,
« Payez à l'ouvrier le prix de ses travaux. »
(*Maxime de la Sagesse.*)

88. — Quand on a trouvé quelque chose, il faut faire savoir au public, par les moyens en usage dans le pays, la nature de l'objet que l'on a trouvé et le lieu où il était, afin que le propriétaire puisse le réclamer. Les moyens usités sont les journaux, le tambour de la commune; quand souvent aussi, l'objet trouvé a quelque valeur, on prie le curé de faire connaître du haut de la chaire à ses paroissiens les circonstances dans lesquelles il a été trouvé.

---

86 *bis*. Quelle faute commet le marchand qui trompe l'acheteur sur la nature des marchandises qu'il vend?
87. Quel est le devoir du débiteur envers ses créanciers?
88. Que faut-il faire quand on a trouvé quelque chose?

89. — Quand on a donné loyalement toute la publicité possible à la trouvaille que l'on a faite, il faut la conserver avec soin, sans en user, afin de la rendre dans l'état où elle était, à celui qui la réclamera.

Après trente ans on en devient propriétaire; mais, même après ce délai, un honnête homme n'hésitera jamais à rendre à son véritable propriétaire la chose qu'il aura trouvée; celui qui se prévaudrait de cette longue possession commettrait une action blâmable.

90. — Celui qui conserve secrètement une chose trouvée sans faire aucune démarche pour connaître celui à qui elle appartient commet un vol, car cette chose ne cesse pas d'appartenir à celui qui l'a perdue.

91. — Un objet perdu et caché depuis longtemps, et dont personne ne peut plus réclamer la propriété, est un trésor qui appartient à celui qui le trouve.

Si ce trésor est trouvé dans la propriété d'autrui, il appartient pour moitié au propriétaire du terrain et pour moitié à celui qui l'a découvert.

92. — Ne pas donner ou ne pas faire ce que l'on a promis est encore une manière de nuire au prochain; ce que nous avons promis ne nous appartient plus. Quelles que soient les circonstances qui nous fassent regretter de nous être engagés, quel que soit le dommage qui en résulte pour nous, nous devons exécuter notre promesse comme si nous étions obligés par un acte écrit. C'est pourquoi la loi, d'accord avec la morale, dit énergiquement:

---

89. Peut-on user de la chose que l'on a trouvée?
90. Quelle faute commet-on en conservant secrètement une chose trouvée?
91. Qu'est-ce qu'un trésor? A qui appartient-il?
92. Est-on toujours obligé de donner ce que l'on a promis?

« Les conventions légalement formées tiennent lieu de loi à ceux qui les ont faites ; elles doivent être exécutées de bonne foi. »

L'honnête homme n'obligera donc jamais son adversaire à invoquer contre lui la preuve résultant d'un acte écrit ou du témoignage d'un étranger ; l'engagement qu'il aura contracté sera une loi à laquelle il se soumettra sans hésitation.

93. — On commet une faute grave en promettant de faire une mauvaise action ; on en commettrait une plus grande encore en accomplissant une pareille promesse.

94. — Il ne faut donc jamais promettre de faire ou de donner que des choses possibles et raisonnables, et l'on doit toujours tenir la promesse que l'on a faite.

95. — C'est une grande faute de manquer à sa promesse : les lois ne punissent pas toujours celui qui commet cette mauvaise action, mais le mépris qu'il inspire à ses semblables est un châtiment qu'il n'évite jamais. Rien ne doit donc nous dispenser de tenir une promesse ; ni un avantage considérable, ni un danger imminent, ni la crainte même de la mort.

96. — Reprendre ce que l'on a donné, c'est voler ; la chose que nous avons donnée ne nous appartient plus, elle est devenue la propriété de celui qui l'a acceptée, nous ne pouvons donc plus en disposer sans son consentement.

97. — Celui qui détient injustement le bien d'autrui est obligé de le restituer et de réparer autant qu'il dépend de lui le préjudice qu'il a causé.

Rien ne peut le dispenser de cette obligation, si pénible et

---

93. Que doit-on faire quand on a promis d'accomplir une mauvaise action ?
94. Quelles choses ne doit-on point promettre ?
95. Devons-nous toujours tenir une promesse ?
96. Est-il permis de reprendre ce que l'on a donné ?
97. A quoi est obligé celui qui possède injustement le bien d'autrui ?

si onéreuse qu'elle soit ; car ce qu'il possède n'est pas à lui si une autre personne a le droit de le réclamer en tout ou en partie.

« Celui-là seul est riche, qui peut ouvrir sa porte, exposer ses richesses « au regard du public, et dire : Que celui qui reconnaît son bien le re-« prenne. »

(SÉNÈQUE, *de la Vie heureuse.*)

98. — Respecter la propriété d'autrui consiste encore à ne jamais détruire, dégrader ou détériorer une maison, un champ, un arbre, et en général tout ce qui ne nous appartient pas ; à ne jamais passer sur des champs couverts de récoltes ; à ne jamais entrer dans des propriétés closes, si faible et si insuffisante que soit la clôture ; car dès l'instant que le propriétaire a manifesté l'intention de protéger son champ contre le passage des hommes et des animaux domestiques, sa volonté doit être respectée. Il arrive même souvent que sans aucune clôture, un poteau ou un faible piquet de bois suffit pour indiquer et pour imposer une défense devant laquelle on doit s'arrêter.

99. — Toutes ces infractions sont d'ailleurs prévues par la loi pénale et punies d'une amende et même de la prison[1].

100. — Ces devoirs ne sont pas les seuls que la justice nous impose ; nous devons encore nous abstenir de déprécier par envie les talents et les vertus des autres : nous ne devons pas juger témérairement leur conduite, c'est-à-dire blâmer leurs actions sans connaître le motif qui les a inspirées.

[1] Voir nos Premiers éléments de droit.

---

98. En quoi consiste encore le respect que l'on doit à la propriété d'autrui ?
99. La loi pénale ne punit-elle pas toutes ces fautes ?
100. Ne devons-nous pas respecter autre chose que la personne et la propriété de notre prochain ?

MÉDISANCE. — CALOMNIE.

101. — Médire, c'est dire du mal de son prochain, révéler ses défauts dans le but de lui faire perdre l'estime publique.

La médisance est une lâcheté, car la plupart du temps on n'oserait pas dire en présence de celui dont on parle ce que l'on répète en son absence.

Il faut donc s'abstenir avec soin de médire, quand même ce serait en riant et par plaisanterie.

102. — Calomnier c'est accuser quelqu'un faussement, lui imputer un fait ou un vice qui porte atteinte à son honneur et à la considération dont il jouit. La calomnie est donc le plus odieux de tous les mensonges ; c'est non-seulement une faute contre la morale, c'est encore un délit que la loi punit sévèrement.

103. — Non-seulement nous ne devons ni médire, ni calomnier, nous devons encore nous abstenir de répéter, même confidentiellement, les propos injurieux qui peuvent porter atteinte à l'honneur du prochain, et au besoin les faire cesser autant qu'il dépend de nous.

On cause souvent plus de mal à un homme en révélant méchamment ses défauts, ou en lui imputant des vices qu'il n'a pas, qu'en lui dérobant une partie de sa fortune.

« La médisance est le plus infâme de tous les vices. Il est d'autant
« plus à craindre, que quiconque tombe dans ce défaut donne souvent
« un coup mortel à un homme qui ne connaît pas la main qui le tue ;
« et l'on peut affirmer que tous les médisants sont des lâches, des traî-
« tres et des assassins. »

(FLÉCHIER.)

---

101. Qu'est-ce que la médisance ?
102. Qu'est-ce que la calomnie ?
103. Suffit-il de s'abstenir de médire et de calomnier ?

DU MENSONGE.

104. — Mentir, c'est affirmer pour vrai ce que l'on sait être faux.

On ment encore en ne disant pas tout ce que l'on doit dire et en ajoutant aux faits que l'on raconte des circonstances inexactes.

C'est pourquoi la formule du serment que l'on fait prêter aux témoins en justice est ainsi conçue :

« Je jure de dire la vérité, toute la vérité, rien que la vérité. »

105. — On ment pour tromper, pour dissimuler une mauvaise action que l'on a l'intention de commettre ou que l'on a commise.

C'est pourquoi le mensonge est une faute très-grave.

106. — On ne doit jamais mentir même en riant, parce que le mensonge est contraire à la loi de Dieu et que l'on pourrait contracter l'habitude de ne plus dire la vérité.

107. — La première peine que subit le menteur, peine qu'il n'évite jamais, c'est que personne ne le croit plus, quand même il dit la vérité.

DU SERMENT

108. — Le serment est un acte religieux par lequel on prend Dieu à témoin des faits que l'on affirme ou de l'engagement que l'on contracte.

---

104. Qu'est-ce que mentir?
105. Pourquoi le mensonge est-il une faute grave?
106. Est-il permis de mentir en riant?
107. Quelle est la première punition que reçoit le menteur?
108. Qu'est-ce que le serment?

C'est donc plus qu'une faute, c'est un crime de ne pas dire *toute* la vérité, *rien* que la vérité, quand on fait un serment.

109. — On ne doit point faire de serments inutiles, c'est une grande faute d'employer la formule solennelle du serment pour affirmer ce que l'on raconte familièrement.

Celui qui dit habituellement la vérité n'a pas besoin de faire un serment pour être cru ; celui qui ment quelquefois n'inspire plus de confiance, quand même il affirme avec serment ce qu'il dit. Il faut par conséquent réserver le serment pour les choses importantes et ne s'en servir que quand on y est obligé. La loi et la religion nous en font un devoir.

« Faux témoignage tu ne diras
« Ni mentiras aucunement. »

110. — Le serment est une chose si sainte que la loi punit des peines les plus sévères le témoin appelé en justice qui ment après avoir prêté serment de dire toute la vérité. Il peut être condamné à dix ans de réclusion, et si le coupable est condamné à une peine plus sévère, le témoin qui aura fait une fausse déposition, soit contre lui, soit en sa faveur, subira la même peine.

Un faux témoin peut donc être condamné aux travaux forcés et même à mort.

111. — Cette sévérité de la loi nous fait voir combien le mensonge est détestable ; elle justifie le mépris dont la société accable les menteurs, et la considération qu'elle accorde à celui qui dit toujours la vérité.

112. — Xénocrate, Athénien célèbre par la pureté de ses

---

109. Doit-on s'abstenir d'affirmer par serment ?
110. A quelle peine s'expose un faux témoin ?
111. Quel enseignement nous donne cette vérité de la loi ?
112. Citez un exemple qui fasse voir quelle confiance inspire un homme vertueux.

mœurs, appelé comme témoin, se disposait à affirmer sa déposition par serment ; mais les juges le dispensèrent de cette formalité, tant ils avaient de confiance dans cet homme vertueux.

113. — Régulus nous a enseigné à tenir notre serment : fait prisonnier par les Carthaginois pendant la première guerre punique, il fut envoyé à Rome pour demander la paix à des conditions très-dures pour les Romains ; il avait juré de revenir s'il ne réussissait pas. Les Romains, hésitant, lui demandèrent son avis ; il les engagea alors courageusement à ne pas accepter les propositions des Carthaginois, et il revint à Carthage, mourir du plus terrible supplice.

L'histoire de France nous offre deux actes d'un héroïsme aussi grand :

Pendant les guerres de la France avec la Flandre, Philippe le Bel, roi de France, découragé après plusieurs défaites, tira de prison le vieux comte de Flandre, Guy, et l'envoya dans son pays pour conseiller la paix à ses sujets. Mais le vieillard encouragea au contraire les Flamands à continuer la guerre pour défendre leur indépendance et revint courageusement mourir en prison.

Le roi Jean II, dit le Bon, fait prisonnier par les Anglais à la bataille de Poitiers en 1356, avait obtenu sa liberté moyennant trois millions d'écus d'or, et comme la France ne pouvait payer cette rançon, il avait donné deux de ses fils en otage. L'un d'eux, le duc d'Anjou, se sauva en 1364 ; le roi, pour réparer cette lâcheté et pour rester fidèle à sa promesse, retourna en Angleterre, où il mourut la même année.

---

113. Citez des exemples qui nous rappellent que jamais nous ne devons manquer à notre promesse.

DISCRÉTION.

114. — La discrétion est une vertu qui consiste à ne pas parler légèrement et inconsidérément des autres, et principalement à ne pas révéler les secrets qui nous sont confiés.

115. — Le secret qui nous est confié ne nous appartient pas; en le faisant connaître à un autre nous manquons donc à la confiance que l'on a eue en nous; nous disposons sans en avoir le droit de la chose d'autrui.

116. — La loi punit même de peines très-sévères certains fonctionnaires qui révéleraient les secrets qui leur sont confiés, les directeurs, commis et ouvriers qui communiqueraient les secrets de la fabrique où ils sont employés[1].

CURIOSITÉ. — SECRET DES LETTRES.

117. — Si nous devons garder fidèlement les secrets qui nous sont confiés, à plus forte raison ne devons-nous pas chercher à connaître les choses que l'on ne veut pas nous révéler.

118. — Cette curiosité devient une faute très-grave que la loi punit même, dans certains cas, quand elle nous porte à chercher à connaître le contenu d'une lettre qui ne nous est pas adressée.

> « Ne vous informez pas des affaires des autres;
> « Sans affectation dissimulez les vôtres. »
> (*Maxime de la Sagesse.*)

[1] Voir nos Premiers éléments de droit usuel.

---

114. Qu'est-ce que la discrétion?
115. Pourquoi devons-nous garder les secrets qui nous sont confiés?
116. La loi ne punit-elle pas dans certains cas la révélation d'un secret?
117. La curiosité n'est-elle pas quelquefois un défaut?
118. La loi ne punit-elle pas quelquefois la curiosité?

EXACTITUDE.

119. — L'exactitude est un de nos devoirs envers nos semblables ; elle consiste à remplir toutes les obligations que nous avons contractées, à faire ce que nous avons pris l'engagement d'accomplir, dans le temps et dans le lieu convenus.

En manquant d'exactitude on nuit au prochain, on lui fait perdre son temps, on lui cause de l'ennui et de l'impatience.

120. — L'inexactitude devient une faute bien plus grave quand elle est commise envers nos parents, nos maîtres ou nos supérieurs.

RECONNAISSANCE.

« Le plaisir des bons cœurs c'est la reconnaissance. »
(LA HARPE.)

121. — La reconnaissance est une vertu qui consiste à payer de retour, surtout par une constante affection, ceux qui nous ont rendu quelques services.

122. — C'est une dette sacrée qui nous oblige à rendre d'une manière quelconque l'équivalent de ce que nous avons reçu.

Sénèque disait :

« Ne pas payer de reconnaissance un bienfait, c'est une banqueroute
« odieuse. »

122 bis. — Le pauvre lui-même peut toujours acquitter cette dette, car il suffit pour cela d'avoir un bon cœur. On a

---

119. Qu'est-ce que l'exactitude? Pourquoi est-elle un devoir?
120. Dans quel cas l'inexactitude est-elle une faute très-grave?
121. Qu'est-ce que la reconnaissance?
122. Comment la reconnaissance est-elle un devoir?
122 bis. Peut-on toujours payer cette dette?

donc eu raison de dire : « La reconnaissance est l'or du pauvre. »

123. — Nous devons de la reconnaissance à Dieu pour les biens qu'il nous donne ;

A nos parents pour les soins qu'ils nous ont prodigués pendant notre enfance ;

A la patrie pour tous les avantages que nous retirons de la société.

> « Du bien qu'on vous a fait soyez reconnaissant,
> « Montrez-vous généreux, humain et bienfaisant. »
> *(Maxime de la Sagesse.)*

INGRATITUDE.

124. — L'ingratitude est le contraire de la reconnaissance, c'est l'oubli des bienfaits ou des services que l'on a reçus.

> « L'ingratitude est un vice contre nature ; les animaux même sont re-
> « connaissants. »
> (SÉGUR.)

125. — L'ingrat est un débiteur de mauvaise foi qui refuse de payer une dette qu'il peut toujours acquitter.

126. — Les Perses considéraient l'ingratitude comme un crime et punissaient sévèrement celui qui ne payait point de retour un bienfait, quand il le pouvait. Ils pensaient qu'un ingrat ne pouvait pas aimer Dieu, ses parents, sa patrie et ses amis.

127. — Chez nous l'ingratitude est considérée comme un

---

123. A qui devons-nous principalement de la reconnaissance ?
124. Qu'est-ce que l'ingratitude ?
125. Qu'est-ce qu'un ingrat ?
126. Citez un peuple de l'antiquité qui punissait l'ingratitude comme un crime.
127. Comment aujourd'hui punit-on l'ingratitude ?

vice odieux que la société punit en méprisant celui qui s'en rend coupable.

128. — L'ingratitude ne doit jamais nous décourager; *il n'y aurait pas de mérite à faire du bien si l'homme généreux n'était jamais dupe.* (SÉNÈQUE.)

ÉGOÏSME.

129. — L'égoïste est celui qui s'occupe exclusivement de sa personne, qui ne pense qu'à lui, qui n'aime que lui.

130. — Les hommes sont créés pour vivre en société, ils doivent s'aimer, se secourir réciproquement; c'est pourquoi l'égoïste est détesté et méprisé comme un être inutile.

L'égoïste finit par ne plus aimer que lui, il oublie ses parents, ses amis et les autres hommes, et devient un ingrat, c'est-à-dire un être odieux.

« Chacun se doit à tous; rester indifférent au bien par négligence ou
« par égoïsme, c'est manquer à la loi de Dieu, méconnaître les droits
« et les devoirs de l'humanité. »

(HONORÉ ARNOUL.)

131. — Tous les devoirs que nous venons d'énumérer et qui consistent à rendre à chacun ce qui lui est dû, constituent les devoirs de justice. Celui qui n'oubliera pas cette maxime,

« Ne fais pas aux autres ce que tu ne voudrais pas qu'on te fît. »

les accomplira facilement.

L'empereur Alexandre Sévère trouvait cette sentence si belle, qu'il l'avait fait graver dans son palais et dans tous les édifices publics.

---

128. L'ingratitude doit-elle nous empêcher de faire le bien
129. Qu'est-ce que l'égoïste?
130. Pourquoi l'égoïsme est-il un défaut?
131. En quoi consistent les devoirs de justice?

Nous devrions tous suivre cet exemple en la gravant d'une manière ineffaçable dans notre mémoire.

PROBITÉ.

132. — L'observation de tous les devoirs de justice constitue la probité.

« La probité est une disposition constante à ne point faire aux autres ce que nous ne voudrions pas qu'on nous fît. »
(Duclos.)

C'est une vertu si belle qu'un auteur ancien a dit :
« *La probité vaut la gloire.* »

« Mais quel que soit l'état où ton penchant t'appelle,
« Que la probité soit ta compagne fidèle. »
(*Conseils d'un père à son fils.*)

§ 2. — DEVOIRS DE CHARITÉ.

« Heureux l'État dans lequel les souverains
« donnent eux-mêmes l'exemple de la charité
« et du dévouement, car alors les sujets ne
« peuvent que les imiter. »

133. — C'est peu d'être juste, de rendre à chacun ce qui lui appartient, de ne nuire à personne ; nous devons être charitables.

La charité est un devoir qui consiste à secourir ceux qui souffrent et qui sont en danger de perdre la vie ou leur fortune, à protéger ou à défendre celui que des méchants attaquent et maltraitent ; à secourir le malheureux que la misère, l'âge ou les infirmités mettent dans l'impossibilité de pourvoir lui-même à son existence ; à consoler les affligés.

---

132. Qu'est-ce que la probité ?
133. En quoi consistent les devoirs de charité ?

133 bis. — Voici, selon saint Paul, en quoi consiste la charité : « La charité est patiente. Elle est douce et bénigne. La charité n'est point envieuse ; elle n'est point légère ; elle ne s'enfle point d'orgueil ; elle n'est pas méprisante ; elle ne cherche pas ses intérêts ; elle ne se pique pas et s'aigrit encore moins ; elle ne pense point le mal ; elle ne se réjouit point de l'injustice ; mais elle approuve la vérité, supporte tout, croit tout, espère tout, souffre tout. »

134. — Toute la morale antique reposait sur cette maxime :

« Ne faites pas aux autres ce que vous ne voudriez pas qu'on vous fît.

« Vivre honnêtement, ne léser personne, rendre à chacun ce qui lui est dû. »

Tels étaient les préceptes de la morale de la plupart des philosophes païens.

135. — La religion chrétienne a complété nos devoirs en propageant ce précepte admirable :

« Faites aux autres ce que vous voudriez qui vous fût fait ;

« Aimez votre prochain comme vous même. »

Cependant cette maxime était déjà pratiquée par quelques peuples de l'antiquité ; ainsi, chez les Égyptiens, on condamnait à mort celui qui, voyant un homme attaqué par des brigants, ne lui portait pas secours.

Il ne suffit donc pas de respecter la propriété du prochain, de lui rendre ce qui lui est dû, nous devons encore le secourir et lui faire autant de bien que nous le pouvons.

136. — La charité est un devoir, parce que nous avons tous la même origine, la même nature, la même destinée et que

---

133 bis. Comment saint Paul a-t-il défini la charité ?
134. Sur quelles règles reposait la morale des anciens philosophes ?
135. La morale chrétienne nous impose-t-elle d'autres devoirs ?
136. Pourquoi la charité est-elle un devoir ?

par conséquent nous sommes tous membres de la même famille que l'on nomme le genre humain.

BIENFAISANCE.

137. — La bienfaisance est une vertu qui consiste à faire du bien à ses semblables.

138. — Un bienfait est un acte de bienveillance qui rend heureux du bonheur qu'on procure. (SÉNÈQUE.)

139. — La bienfaisance est un devoir, parce que nous devons aimer et secourir nos semblables.

140. — Si petit, si pauvre que l'on soit, on peut trouver à obliger les autres.

Celui que la fortune a favorisé est bienfaisant en donnant aux pauvres.

Celui qui ne possède rien que la santé et des bras robustes est bienfaisant en secourant ceux qui sont en danger, en aidant celui qui porte un fardeau.

141. — Mais la raison doit toujours guider la bienfaisance; ainsi, il ne convient pas d'obliger tout le monde indistinctement; obliger un méchant, c'est quelquefois l'aider à commettre une mauvaise action.

« Il faut soulager la vertu malheureuse; les bienfaits bien appliqués
« sont le trésor de l'honnête homme. »
(BARTHÉLEMY.)

142. — Il faut distribuer ses bienfaits en proportion de sa fortune et des besoins de ceux que l'on doit secourir.

---

137. Qu'est-ce que la bienfaisance?
138. Qu'est-ce qu'un bienfait?
139. Pourquoi la bienfaisance est-elle un devoir?
140. Peut-on toujours être obligeant?
141. Doit-on obliger indistinctement tout le monde?
142. Quelles règles, quelles précautions doit-on observer en obligeant?

Il faut obliger sans ostentation pour accomplir un devoir que Dieu seul doit connaître.

« Que la main gauche ignore ce que donne la main droite ! »

Il faut éviter d'humilier ceux que l'on oblige et ne jamais leur rappeler le service qu'on leur a rendu.

« Un bienfait qu'on reproche est un bienfait perdu. »

Prêter à un ami ou à un malheureux ce dont il a besoin, sans intention de le réclamer un jour, est quelquefois la manière la plus noble d'exercer la bienfaisance.

« Tel donne à pleine main qui n'oblige personne ;
« La façon de donner vaut mieux que ce qu'on donne. »
(Corneille, *le Menteur*.)

Enfin, il faut obliger sans espoir de retour ; celui qui donne pour recevoir ne fait pas une bonne action, mais un marché qui n'a aucun mérite.

« La bienfaisance doit encore remplir une autre condition, il faut
« qu'elle soit utile à celui que l'on veut obliger, et qu'elle ne nuise à
« personne. »
(Cicéron, *de Off.*, l. XIV.)

BIENVEILLANCE. — MALVEILLANCE.

143. — La bienveillance est une disposition continuelle à faire le bien à ses semblables et à leur être agréable par paroles et par actions.

144. — La malveillance est le contraire de la bienveillance ; elle consiste à dire ou à faire ce qui peut causer de la peine aux autres, à les contrarier inutilement et sans nécessité.

---

143. Qu'est-ce que la bienveillance ?
144. Qu'est-ce que la malveillance ?

La bienveillance est donc un devoir que l'homme réellement charitable observera scrupuleusement.

VENGEANCE.

145. — Dieu nous fait un devoir de pardonner à ceux qui nous ont offensé, parce que nous désirons nous-même le pardon des fautes que nous commettons.

La vengeance n'est donc pas permise.

146. — La vengeance est la satisfaction d'un instinct brutal; un philosophe romain disait :

« Il appartient à la bête, non à l'homme, de chercher à rendre morsure pour morsure, mal pour mal. »

Adrien, devenu empereur, pardonna à tous ceux qui avaient cherché à lui nuire, alors qu'il n'était qu'un simple citoyen.

Le duc d'Orléans, petit-fils du frère de Charles VI, devenu roi de France, sous le nom de Louis XII, pardonna de même à tous ses ennemis en disant : « Ce n'est pas au roi de France à venger les injures faites au duc d'Orléans. »

147. — La charité chrétienne nous impose un devoir plus grand encore, que Dieu seul pouvait inspirer aux hommes, et dont il leur a donné l'exemple; c'est de rendre le bien pour le mal au lieu de chercher à nous venger.

148. — Il est donc vrai de dire que c'est le christianisme qui a imposé aux hommes les devoirs de charité. C'est le christianisme qui a condamné irrévocablement l'égoïsme et la vengeance, en nous obligeant à aimer tous les hommes comme

---

145. Pourquoi devons-nous pardonner à ceux qui nous ont offensés?
146. Qu'est-ce que la vengeance?
147. La charité chrétienne ne nous enseigne-t-elle pas un devoir plus grand encore que celui de ne pas faire le mal?

nous-mêmes, à les secourir, et à faire du bien même à nos ennemis.

§ 3. — DEVOIRS ENVERS LES ÊTRES INANIMÉS.

149. — Nous avons encore des devoirs à remplir envers la nature, c'est-à-dire envers les choses que Dieu a créées pour notre utilité.

Ces devoirs consistent à ne pas détruire et à ne pas perdre inutilement les choses qui sont d'un usage commun entre tous les hommes, même celles qui nous appartiennent en toute propriété; car si quelques vêtements, quelques meubles, quelques denrées ne nous sont point nécessaires, il est de notre devoir de les donner aux malheureux qui pourront en profiter.

150. — Détruire par caprice des arbres, des productions de la terre, perdre du pain, des fruits, et en général des choses ou des denrées qui peuvent convenir à d'autres, c'est offenser Dieu qui n'a rien créé d'inutile, et surtout c'est nuire aux pauvres qui ont besoin de ce qui ne nous est pas nécessaire.

§ 4. — DEVOIRS ENVERS LES ANIMAUX.

> « Sans la compassion pour les animaux, pas d'éducation possible, pas de cœur vraiment bon; aimer les animaux, avoir de la charité pour eux, est la marque d'un bon naturel. »

151. — Nos devoirs envers les animaux consistent à ne pas

---

148. Quelle perfection le christianisme a-t-il apporté à la morale?
149. N'avons-nous pas des devoirs à remplir envers les objets inanimés?
150. Pourquoi ne nous est-il pas permis de détruire ou de perdre, sans motif, les choses qui nous appartiennent?
151. Quels sont nos devoirs envers les animaux?

faire souffrir inutilement les animaux sauvages ou privés qui sont destinés à notre nourriture, à soigner convenablement et à ne point maltraiter ceux qui font en quelque sorte partie de la famille et qu'on appelle pour cette raison animaux domestiques.

152. — La loi punit d'ailleurs de cinq francs à quinze francs d'amende et d'un jour à cinq jours de prison celui qui tue ou qui maltraite sans motifs des animaux domestiques [1].

CHAPITRE V

Devoirs particuliers.

DEVOIRS DE LA FAMILLE.

153. — Dieu, en donnant une compagne à l'homme, a institué le mariage et la famille, et nous a montré qu'il n'avait pas créé l'homme pour vivre seul.

Puisque la famille a une origine divine, tous les devoirs qu'elle impose sont des devoirs sacrés qu'il faut observer fidèlement.

154. — Les devoirs de famille se divisent en quatre classes : 1° les devoirs des époux entre eux ; 2° les devoirs des parents envers les enfants ; 3° les devoirs des enfants envers leurs parents ; 4° enfin les devoirs des enfants entre eux.

[1] Voir nos Premiers éléments de droit usuel.

---

152. La loi ne punit-elle pas ceux qui maltraitent les animaux domestiques?
153. Quelle est l'origine de la famille?
154. Comment divise-t-on les devoirs de famille?

DEVOIRS DES ÉPOUX.

155. — Les époux se doivent mutuellement fidélité, secours, assistance. Une affection réciproque et une confiance sans bornes les unira plus intimement encore que l'engagement qu'ils ont pris devant la société et devant Dieu.

156. — Le mari, généralement plus fort, plus robuste, plus instruit, plus expérimenté, doit protéger sa femme, l'aider non-seulement dans les soins pénibles de la famille, mais encore la soutenir et l'encourager par de sages conseils, une bienveillante protection.

157. — La femme, ordinairement plus faible, moins expérimentée, doit se soumettre avec confiance à la volonté du mari.

DEVOIRS DES PARENTS.

158. — Le père et la mère doivent élever leurs enfants, les nourrir, les vêtir, développer avec soin leur intelligence et leur cœur, leur enseigner tous les devoirs qu'ils ont à remplir, et les avertir avec sollicitude de tous les dangers qui les environnent.

159. — Nos enfants héritent de nos vertus et de nos vices comme de notre fortune; le plus bel héritage que nous puissions leur laisser, c'est une réputation intacte d'honneur, de probité et de vertu.

160. — Respectons leur innocence, si nous voulons con-

---

155. Quels sont les devoirs des époux entre eux ?
156. Quels sont les devoirs du mari ?
157. Quels sont les devoirs de la femme ?
158. Quels sont les devoirs des parents envers leurs enfants ?
159. Quel est le plus bel héritage qu'un père puisse laisser à son fils ?
160. Quelle doit être en général la conduite des parents ?

server nos droits à leur respect, à leur amour, à leur soumission; jamais devant eux ne tenons aucun propos, ne faisons aucune action dont nous pourrions rougir. Surtout ne nous mettons point en colère pour nous faire obéir; l'autorité, qui a droit au respect et à l'obéissance de ceux qu'elle dirige, doit toujours rester digne et calme.

Ne voit-on pas les magistrats parler toujours avec douceur et gravité aux coupables qui ont mérité les plus grands châtiments?

La douceur et la patience, jointes à la fermeté, sont les meilleurs moyens à employer pour obtenir l'obéissance.

Personne n'hésite à mettre ces vertus en pratique pour élever les animaux, même pour dompter les plus féroces; ne traitons donc jamais nos enfants comme nous ne traiterions pas un chien, un cheval ou un lion, et ne nous mettons jamais en colère lorsque nous sommes obligés de les corriger.

161. — La colère est un moment de folie, disaient les anciens philosophes; il faut donc l'éviter avec soin, car toutes les actions que l'on commet pendant cette maladie volontaire sont mauvaises, contraires à la raison et à la morale.

C'est surtout quand on est obligé de punir qu'il faut éviter de se mettre en colère.

Socrate, irrité un jour contre son esclave qui avait commis une faute grave, remit au lendemain pour le punir, afin de lui infliger avec calme la punition qu'il avait méritée.

162. — Nous devons à nos enfants l'exemple du bien, car, à l'âge où ils ne savent pas encore se conduire eux-mêmes, ils imitent tout ce qu'ils voient et prennent les habitudes qu'ils observent en nous; aussi, leurs défauts ne sont en général que la copie des nôtres.

---

161. Qu'est-ce que la colère?
162. Quelle doit être la conduite des parents envers leurs enfants?

163. — Cicéron, accusant Verrès d'avoir commis des crimes de toutes sortes quand il était gouverneur de la Sicile, lui reprochait surtout d'avoir conservé son fils avec lui pour témoin de ses désordres.

L'éducation ne peut rien sans l'exemple.

« Parlez de vertu, parlez-en même avec éloquence ; on admire et
« l'on s'abstient. Joignez l'exemple à la parole ; pratiquez vos leçons, et
« la foule s'élance à votre suite. »

(Charatx, *Thèse de philosophie morale.*)

« Avertissements, conseils, menaces, récompenses, tout vient échouer
« devant la toute puissante influence de l'imitation ; les vertus, et mal-
« heureusement les vices, se transmettent comme les manières. L'édu-
« cation par l'exemple est la plus efficace, parce qu'elle est dissimulée.
« L'enfant se défie naturellement de l'autorité. Un secret instinct d'in-
« dépendance le pousse à résister à un ordre, et son orgueil ne plie pas
« toujours devant la tendresse. Mais l'exemple est une force dont l'en-
« fant ne peut se défendre ; il la subit sans le vouloir, sans le savoir ;
« ce n'est que plus tard et par comparaison qu'il reconnaît en lui-
« même le pli des traditions domestiques ; mais alors il est un peu tard
« pour s'en affranchir, et, s'il a été bien élevé, sa raison prendra parti
« pour ses habitudes. C'est ainsi que, par le mélange de la vertu ac-
« quise, par l'imitation et par l'effort, se formera l'honnête homme qui
« ne doit pas moins à ses parents qu'à lui-même. »

(Paul Janet.)

§ 5. — DEVOIRS DES ENFANTS.

164. — Un devoir suppose toujours un droit, et réciproquement un droit n'existe jamais sans un devoir corrélatif.

Si l'éducation des enfants doit être la principale et la plus importante occupation des parents, les enfants à leur tour doivent à leurs parents obéissance, amour, respect et reconnaissance.

Le père est le chef de la famille ; la mère elle-même la

---

163. Citez quelques exemples.
164. Quels sont les devoirs des enfants ?

dirige sous ses ordres; il a donc le droit d'imposer sa volonté à tous les membres qui la composent, et les enfants doivent obéir avec un égal respect au père et à la mère.

165. — L'obéissance consiste à exécuter promptement et sans murmurer les ordres que l'on reçoit.

166. — Désobéir, c'est faire ce qui est défendu ou ne pas faire ce qui est ordonné.

Celui qui commet une désobéissance est presque toujours la première victime de sa faute, car les ordres ou les défenses de nos parents et de nos maîtres ont toujours un but utile pour nous, aussi, en leur désobéissant, non-seulement nous leur causons de la peine, mais il nous arrive presque toujours quelque malheur.

167. — Nous devons obéir à nos parents, suivre leurs avis et leurs conseils, parce que nous sommes soumis à leur autorité et qu'ils ne doivent nous commander que des choses justes, raisonnables et utiles pour nous.

168. — Nos parents n'ont pas seulement sur nous l'autorité que leur donnent la nature, l'âge et l'expérience; la loi permet au père et à la mère d'obtenir du président du tribunal l'autorisation de faire mettre en prison l'enfant qui, par son inconduite et sa désobéissance, leur donne de graves sujets de mécontentement.

169. — Si nous devons aimer Dieu, qui nous a donné la vie et tous les bienfaits de l'existence, nous devons par le même motif aimer nos parents, qui nous donnent continuellement toutes les choses, tous les soins dont nous avons besoin.

---

165. Qu'est-ce que l'obéissance?
166. Qu'est-ce que la désobéissance?
167. Pourquoi devons-nous obéir à nos parents?
168. Quels moyens de correction la loi accorde-t-elle aux parents contre un enfant désobéissant?
169. Pourquoi devons-nous aimer nos parents?

170. — Nous devons respecter nos parents, parce qu'ils sont pour nous les représentants de Dieu sur la terre, et que l'autorité qu'ils ont sur nous, confirmée par la loi divine et par les lois humaines, est aussi légitime que sacrée.

171. — Le respect est une sorte de culte qu'on a pour une personne au-dessous de laquelle on se trouve placé et devant laquelle on se prosterne en esprit. (LAFAYE.)

Nous devons cacher les défauts de nos parents, comme ont fait Sem et Japhet, et ne jamais oublier, comme *Cham*, le respect que nous leur devons.

> « Un fils ne s'arme point contre un coupable père,
> « Il détourne les yeux, le plaint et le révère. »
> (VOLTAIRE, *Brutus*.)

> « Tes père et mère honoreras
> « Afin de vivre longuement. »

C'est Dieu lui-même qui nous impose ce devoir ; il récompense même dans ce monde, par une vie longue et heureuse, l'enfant qui aime, qui respecte et qui honore son père et sa mère. Il maudit et punit celui qui les outrage et qui les abandonne.

172. — Enfin nos parents ont droit à notre reconnaissance.

Nous avons vu que la reconnaissance est une dette sacrée dont il faut nous acquitter loyalement envers ceux de qui nous avons reçu quelques bienfaits.

Souvenons-nous des soins que nos parents nous ont donnés dans notre jeune âge. N'oublions pas les fatigues, les privations, le mal qu'ils ont endurés pour nous, et nous comprendrons qu'il n'est personne à qui nous devions autant de reconnaissance.

---

170. Pourquoi devons-nous respecter nos parents ?
171. Qu'est-ce que le respect ? par qui ce devoir nous est-il imposé ?
172. Pourquoi devons-nous de la reconnaissance à nos parents ?

En nous dévouant pour nos parents, en nous imposant même des sacrifices pour leur rendre service, nous acquittons donc un devoir rigoureux auquel nous ne pouvons pas nous soustraire.

173. — Quand nos parents ont atteint l'âge où ils ne peuvent plus travailler, nous devons leur rendre les soins qu'ils nous ont prodigués.

Si nos parents sont dans une condition obscure et si, par leurs soins ou par quelques bienfaits de la Providence, nous nous sommes élevés à une position sociale supérieure à la leur, n'oublions jamais que rien ne doit affaiblir l'amour, le respect et la reconnaissance que nous leur devons.

Plus nous sommes élevés dans la société au-dessus de la condition de nos parents, plus nous serions coupables d'oublier quelques-uns de nos devoirs envers eux.

Le plus grand bonheur d'un père et d'une mère est de voir prospérer leurs enfants : ne leur donnons donc jamais, par notre ingratitude, l'occasion de regretter les sacrifices qu'ils ont faits pour nous.

En résumé, soyons pour nos parents ce que nous voudrions que nos enfants fussent pour nous.

174. — Nos devoirs envers nos parents sont tellement sacrés, que celui qui y manque est considéré comme un impie et un mauvais citoyen que l'indignation publique poursuit et flétrit.

Aucun criminel n'inspire surtout plus de mépris qu'un fils qui jouit de tous les avantages de la fortune et qui laisse ses parents dans le besoin.

On demandait à Solon, législateur d'Athènes, pourquoi il n'avait pas établi de peine contre le parricide. « C'est, répondit-

---

173. A quoi nous oblige cette reconnaissance?
174. Donnez un exemple qui fasse comprendre l'importance de nos devoirs envers nos parents.

« il, parce que j'ai pensé qu'on ne pouvait pas commettre un
« crime aussi horrible. »

175. — Nous devons confondre dans un même amour et un même respect notre père, notre mère, nos grands-pères et nos grand'mères ; le grand âge de ces derniers, les infirmités qui les accablent souvent, nous imposent même des prévenances et des soins que notre père et notre mère peuvent ne pas exiger pour eux-mêmes.

§ 4. DEVOIRS DES ENFANTS ENVERS LEURS MAITRES.

176. — Les maîtres remplacent les parents; ils sont chargés de former l'esprit, l'âme et le cœur des enfants quand le père et la mère ne peuvent pas s'imposer cette tâche.

C'est à eux que nous devons les bons conseils, les bons exemples, les bonnes leçons qui nous mettent à même de profiter des avantages de la société ; il faut donc les aimer, les respecter, leur obéir et leur témoigner en toute occasion notre reconnaissance comme nous le faisons pour nos parents.

177. — Souvenons-nous toujours que nous ne sommes pas quittes envers nos maîtres quand nous les avons payés. Les soins et le dévouement du maître pour ses élèves ne se vendent pas comme les objets nécessaires à la vie ; la rétribution pécuniaire payée par l'élève n'est que la représentation de la valeur du temps employé par le maître ; nous leur devons en outre un dévouement et une reconnaissance sans bornes, pour avoir orné notre esprit des connaissances qui nous seront utiles pendant notre vie.

---

175. Quels sont nos devoirs envers nos grands-pères et nos grand'mères.
176. Quels sont nos devoirs envers nos maîtres?
177. Devons-nous autre chose à nos maîtres que la rétribution convenue?

Les anciens tenaient pour ingrat celui qui croyait ne rien devoir à son maître après lui avoir payé le salaire convenu.

§ 5. — DEVOIRS DES FRÈRES ENTRE EUX.

178. — Les devoirs des enfants entre eux reposent sur la communauté d'origine et l'affection réciproque que cette origine inspire.

Naître et vivre sous le même toit, reposer après cette vie dans le même tombeau, telle est leur destinée.

Les frères sont donc unis dès leur naissance. Ils le sont après la mort, comment ne le seraient-ils pas pendant la vie?

Les frères sont comme les doigts de la main, rien ne doit pouvoir les séparer.

Cette communauté d'origine et d'existence impose naturellement des devoirs réciproques.

179. — S'aimer, se protéger, tels sont les deux principaux devoirs fraternels desquels découlent tous les autres.

Un des plus grands devoirs réciproques des frères, c'est de s'améliorer l'un l'autre, en se donnant toujours de bons conseils et de bons exemples.

L'âge donne à l'aîné une supériorité naturelle, qui l'oblige à protéger et à diriger le plus jeune; il ne l'engagera donc jamais à commettre une mauvaise action, il l'empêchera de mal faire quand ce sera en son pouvoir et lui donnera toujours l'exemple du bien.

De son côté le plus jeune doit lui obéir avec confiance, surtout quand le père et la mère sont absents.

180. — Dieu nous fait un devoir de pardonner à ceux qui

---

178. Quelle est la base des devoirs des frères et sœurs?
179. Dites en quoi consistent ces devoirs.
180. Que devons-nous faire quand notre frère nous a offensé ou quand nous l'avons offensé?

nous ont offensés et de demander nous-mêmes le pardon des fautes que nous avons commises.

Mais c'est surtout entre frères que ces préceptes divins doivent être observés.

Pardonnons donc à notre frère, sans nous irriter contre lui, les fautes qu'il a pu commettre envers nous, et si nous lui avons fait de la peine, demandons-lui nous-mêmes d'oublier l'offense qu'il a reçue.

Si quelques contestations s'élèvent entre deux frères, ils doivent au plus vite la soumettre à un arbitre afin d'éviter les haines implacables qui sont toujours la conséquence des procès.

181. — Nous devons cacher les défauts de nos frères, au lieu de les divulguer.

Nous avons d'ailleurs intérêt à le faire ; car le lien qui unit les membres de la famille est si étroit que la société nous rend pour ainsi dire responsables des fautes de nos frères, de même qu'elle nous permet de nous parer de leurs vertus.

182. — « Si vous voulez être bon frère, défendez-vous de « l'égoïsme ; proposez-vous chaque jour d'être généreux dans « vos relations fraternelles ; que chacun de vos frères, que « chacune de vos sœurs voient que ses intérêts vous sont chers « autant que les vôtres. »   (SILVIO PELLICO.)

183. — L'histoire romaine nous apprend que sous le règne de l'empereur Auguste, trois frères, Proculeius, Muréna et Scipion, avaient partagé par égales portions l'héritage de leur père ; mais les deux derniers perdirent pendant la guerre civile tout ce qu'ils possédaient ; non-seulement Proculeius vint à leur secours, mais il fit avec eux un nouveau partage du lot qui lui était échu.

---

181. Que devons-nous faire quand nos frères ont des défauts ?
182. Résumez en quelques mots les devoirs des frères.
183. Donnez un exemple.

§ 6. — DEVOIRS DU FRÈRE ET DE LA SŒUR.

184. — Des devoirs d'une nature particulière existent entre le frère et la sœur :

Le frère doit être le protecteur de sa sœur. La sœur remplira quelquefois envers son frère les devoirs d'une mère.

L'intimité du foyer ne doit jamais nous faire oublier d'être polis envers nos frères.

« Soyez encore plus délicats de manières avec vos sœurs, honorez
« dans vos sœurs le charme suave des vertus de la femme, réjouissez-
« vous de l'influence qu'elles exercent sur votre âme pour l'adoucir, et
« puisque la nature les a faites plus faibles et plus sensibles que vous,
« soyez d'autant plus attentifs à les consoler dans leurs afflictions, à ne
« pas les affliger vous-mêmes; à leur témoigner constamment du respect
« et de l'amour. »

(SILVIO PELLICO.)

§ 7. — DEVOIRS RÉCIPROQUES DES MEMBRES D'UNE MÊME FAMILLE.

185. — Les devoirs qui existent entre frères et sœurs subsistent entre tous les membres d'une même famille à tous les degrés, en diminuant toutefois en raison de l'éloignement.

Ainsi les devoirs qui existent entre l'oncle et le neveu sont moins sévères que ceux qui unissent le père au fils, quoique reposant sur le même principe.

L'oncle, frère du père, tient quelquefois la place de celui-ci ; son âge, l'affection qui l'unit à son frère lui imposent en quelque sorte les devoirs d'un père envers son neveu.

Et le principe de réciprocité, qui est la base de tous les

---

184. Quelle est la nature des devoirs du frère et de la sœur?
185. Dites en quoi consistent les devoirs réciproques des membres d'une même famille.

devoirs, doit inspirer au neveu le même amour, la même obéissance et le même respect pour son oncle que pour son père.

Quant aux autres membres de la famille, ils ne doivent jamais oublier qu'ils ont tous une origine commune, qu'ils descendent d'un même père, et que par conséquent ils doivent s'aimer et se protéger au besoin, et surtout conserver intact l'honneur du nom qu'ils portent pour le transmettre à leurs descendants. (*Voir pour les degrés de parenté nos* Premiers éléments de droit usuel.)

§ 8. — DEVOIRS ENVERS LES VIEILLARDS.

> « Heureux celui qui peut consoler la
> « vieillesse et rendre, comme au ciel, hom-
> « mage aux cheveux blancs ! ».
> (Ducis.)

186. — Les vieillards on droit à notre respect.

Quand ils ont vécu honorablement, supporté toutes les fatigues de la vie, rempli leurs devoirs envers la famille, envers l'État ; quand l'âge affaiblit leur corps, quelquefois même leur intelligence, il est juste qu'ils soient honorés et respectés, et que les jeunes gens et les enfants les aident à passer le moins péniblement possible les dernières années de leur existence.

187. — Chez tous les peuples les vieillards ont toujours été honorés et respectés.

Chez les Égyptiens, à Rome, à Sparte, les jeunes gens les vénéraient comme leurs parents ; partout on leur réservait la première place, et on punissait comme criminel le jeune homme qui ne se levait pas devant un vieillard.

« C'est le devoir du jeune homme de respecter ceux qui sont plus

---

186. Pourquoi devons-nous respecter les vieillards ?
187. Dites comment les vieillards étaient respectés chez les anciens.

« âgés que lui, et de choisir parmi eux ceux qui sont les plus honnêtes
« et les plus considérés pour s'étayer de leurs conseils et de leur auto-
« rité, car l'inexpérience du jeune âge a besoin d'être éclairée et dirigée
« par la prudence de l'âge mûr. »

(Cicéron, de Off., l. XXXIV.)

DE L'AMITIÉ.

188. — L'amitié est un parfait accord sur toutes les choses divines et humaines, joint à un sentiment mutuel de bienveillance et d'affection. (Cicéron.)

L'amitié est une affection sainte dont Notre-Seigneur Jésus-Christ nous a donné l'exemple en aimant plus particulièrement saint Jean, Marthe, Madeleine et Lazare leur frère.

Saint Thomas reconnaît que l'amitié est une vertu; saint Paul, reprochant aux païens toute la corruption de leur vie, les accuse d'être des gens sans affection, c'est-à-dire de n'avoir aucune amitié.

Il est bon d'avoir des amis; les vrais amis augmentent notre bonheur dans les jours heureux, dans l'adversité ils nous aident à supporter nos malheurs.

189. — Mais il faut être sévère sur le choix de ses amis; rechercher l'amitié des enfants sages, honnêtes et vertueux, fuir au contraire ceux qui se font remarquer par de mauvaises habitudes. On s'expose, en les fréquentant, à devenir comme eux, et dans tous les cas on perd l'estime des honnêtes gens.

N'oubliez jamais cette maxime :

« Dis-moi qui tu fréquentes, je te dirai qui tu es. »

---

188. Qu'est-ce que l'amitié?
189. Quels sont ceux de qui nous devons rechercher l'amitié?

190. — L'amitié est pour ainsi dire une parenté. Nous devons aimer nos vrais amis comme nos frères.

Aidons-les s'ils sont dans le besoin, secourons-les, même au péril de notre vie, s'ils sont en danger.

191. — Damon, philosophe pythagoricien, condamné à mort par Denys le Tyran, demanda un délai pour aller voir sa famille et mettre ordre à ses affaires; Pythias, son ami, se livra à sa place, comme caution, et s'engagea à mourir si Damon ne revenait pas; mais celui-ci ne manqua pas à sa promesse et revint au jour indiqué se mettre à la disposition du tyran. Denys, touché par un dévouement si sublime, donna la grâce à celui qui devait mourir et leur demanda à tous deux la faveur d'être leur ami.

192. — Si nous admirons la philosophie qui inspirait un si grand dévouement pour un ami, combien plus encore ne devons-nous pas admirer et pratiquer la morale chrétienne qui nous commande un amour et un dévouement semblable pour tous les hommes en nous disant : « *Aimez votre prochain comme vous-même.* »

193. — Ne demandons à nos amis que des services honnêtes et ne leur en rendons pas qui soient défendus par la morale; les devoirs de l'amitié ne commandent jamais le sacrifice des autres devoirs.

On est aussi coupable en commettant une injustice pour rendre service à un ami que s'il s'agissait d'un étranger.

Le poëte Simonide demandait un jour à Thémistocle, son ami, quelque chose d'injuste; Thémistocle lui répondit : « Mon « cher Simonide, serais-tu un bon poëte si tu faisais de mau-

---

190. Comment devons-nous aimer nos amis?
191. Citez un exemple de dévouement d'un ami.
192. La morale chrétienne n'est-elle pas encore supérieure à la philosophie?
193. Quels services devons-nous demander à nos amis?

« vais vers, et moi serais-je un bon magistrat, si pour te rendre
« service, j'agissais contre les lois de ma patrie? »

§ 9. — DEVOIRS ENVERS LES DOMESTIQUES.

194. — Les domestiques font pour ainsi dire partie de la famille; ils doivent servir leur maître avec soumission et respect, l'aider, le secourir, défendre ses intérêts dans toutes les circonstances. En échange, le maître doit les traiter avec bonté, avec douceur, leur donner de bons exemples, de bons conseils, veiller sur leur conduite et leur moralité, n'exiger d'eux que des choses honnêtes et leur payer régulièrement le salaire convenu.

Si nous voulons être respectés par nos domestiques, ne tenons jamais devant eux de mauvais propos contre Dieu, la religion, la morale et l'autorité; en un mot, traitons-les comme nous voudrions être traités par nos supérieurs.

195. — Les enfants doivent obéir aux domestiques en tant qu'ils transmettent les ordres du père et de la mère; ils doivent toujours leur parler honnêtement, et ne jamais oublier qu'il ne faudrait qu'un revers de fortune pour les obliger un jour eux-mêmes à servir comme domestiques.

196. — La société honore et récompense les bons domestiques qui servent leurs maîtres avec dévouement et fidélité.

Tous les ans, l'Académie, la Société d'encouragement au bien et les sociétés d'agriculture accordent des récompenses à des serviteurs qui ont voué leur vie entière à soigner et à secourir leurs maîtres tombés dans la misère et accablés d'infirmités; ces récompenses prouvent combien il existe de bons

---

194. Quels sont les devoirs réciproques des maîtres et des domestiques?
195. Quels sont les devoirs des enfants envers les domestiques?
196. La société ne récompense-t-elle pas les bons domestiques?

et fidèles serviteurs, en même temps qu'elles attestent la sollicitude de la société pour récompenser tous les genres de mérite.

§ 10. — DEVOIRS ENVERS L'ÉTAT.

197. — Un État est une réunion de familles, gouvernée par un chef d'après des conventions que chacun s'engage à respecter et que l'on appelle *lois*. La famille est donc la base de l'État.

De même qu'il faut un chef pour diriger la famille, de même il n'y a pas de société possible sans un chef qui la gouverne, suivant les lois régulièrement établies.

Dans un État bien organisé, les lois sont obligatoires pour tous les citoyens, le chef de l'État lui-même n'administre qu'en s'y soumettant.

198. — L'enfant qui naît au milieu de la société profite immédiatement des bienfaits innombrables de la civilisation; il trouve autour de lui, fonctionnant dans un ordre admirable, toutes les admirations qui protègent la vie, la liberté et la fortune des citoyens.

Le commerce et l'industrie lui fournissent les choses nécessaires à la vie, et les objets de luxe fort agréables à ceux qui peuvent se les procurer.

La salle d'asile est ouverte à tous ceux que les parents ne peuvent garder eux-mêmes;

Des établissements de charité recueillent ceux qui ont le malheur d'être abandonnés;

Enfin, l'instruction est donnée gratuitement à ceux qui ne peuvent pas la payer.

Ainsi, l'homme est débiteur envers la société de tous les avantages dont il jouit depuis sa naissance.

---

197. Qu'est-ce qu'un État?
198. Pourquoi avons-nous des devoirs à remplir envers l'État?

Il acquitte donc une dette sacrée en accomplissant loyalement tous les devoirs que nous allons résumer.

RESPECT DU AUX LOIS ET AUX MAGISTRATS

199. — Les premiers devoirs des citoyens, c'est de respecter les lois et de se conformer exactement à ce qu'elles prescrivent ; de ne rien faire, de ne rien dire qui tende à détruire le gouvernement ou à affaiblir l'autorité de ceux qui gouvernent.

200. — Comme conséquence de ce principe, nous devons respecter le chef de l'État, les magistrats et les fonctionnaires chargés de faire exécuter les lois.

Des peines sévères assurent l'accomplissement de ce devoir et punissent ceux qui outragent par paroles, par menaces et par gestes, un fonctionnaire quelconque, depuis le garde champêtre jusqu'à l'Empereur.

201. — La soumission due aux lois ne consiste pas seulement à faire ce qu'elles ordonnent et à éviter ce qu'elles défendent, elle nous oblige en outre à avoir confiance en la justice, et à ne jamais chercher à nous venger d'une offense. Ne reprenons donc jamais avec violence ce qui nous a été dérobé et surtout ne prenons jamais rien en compensation à celui qui nous a volé ou qui nous doit quelque chose.

Nous devons dans tous ces cas nous adresser aux magistrats, plus justes et plus désintéressés que nous, qui sont chargés de faire respecter les lois.

202. — Nous devons nous soumettre aux lois lors même

---

199. Quels sont les devoirs des citoyens envers l'État ?
200. Quelle est la connaissance de ce premier devoir ?
201. Comment devons-nous témoigner notre soumission aux lois ?
202. Devons-nous toujours obéir aux lois et aux décisions de la justice ?

qu'elles nous paraissent mauvaises, aux décisions de la justice, lors même qu'elles nous paraissent injustes et contraires à la loi, parce que nous devons sacrifier nos intérêts particuliers à l'intérêt général de la société. L'anarchie succéderait bientôt à l'ordre si chaque particulier avait le droit de substituer son jugement à celui des législateurs et des magistrats.

Socrate, condamné à mort, quoique innocent, refusa de se soustraire au châtiment qu'il ne méritait pas, pour ne pas donner l'exemple d'une désobéissance aux lois de sa patrie.

PAYEMENT DE L'IMPÔT.

203. — L'impôt est la cotisation payée au Gouvernement par chaque citoyen en raison de sa fortune, pour prix de la protection qu'il reçoit et des avantages dont il jouit dans l'état social.

« Les revenus de l'État, dit Montesquieu, sont une portion que chaque
« citoyen donne de son bien pour avoir la sûreté de l'autre et pour en
« jouir agréablement. »

C'est son apport dans la grande société dont il fait partie, et qui lui permet de jouir de tous les avantages que procure la civilisation. L'impôt n'est donc pas une charge injuste, mais bien une dette sacrée que tout citoyen doit payer loyalement.

204. — L'impôt sert à payer l'armée qui protége l'honneur et les intérêts du pays, les fonctionnaires qui l'administrent; il sert à entretenir les routes qui sont aujourd'hui aussi agréables que faciles, les monuments publics livrés à l'admiration de tous; enfin, il donne au Gouvernement la possibilité de répandre gratuitement, ou à des prix accessibles à tous les citoyens, les bienfaits de l'instruction.

---

203. Qu'est-ce que l'impôt?
204. A quoi sert l'impôt?

205. — Les droits d'enregistrement que l'on paye pour assurer la validité de certaines conventions, les droits de mutation par succession, sont aussi des impôts; nous sommes donc coupables quand nous essayons de nous soustraire à cette obligation ou de la diminuer par des dissimulations mensongères; aussi la loi punit celui qui se rend coupable d'un mensonge de cette nature :

> « En effet, la justice est absolue, elle est inexorable; il n'y a pas
> « avec elle d'accommodement. Tout ce qu'elle ordonne doit être ac-
> « compli sur l'heure et loyalement, sans hypocrisie. »
> (J. Simon, le Devoir.)

206. — Quelquefois nous devons abandonner à l'État une propriété à laquelle nous tenons, quand l'intérêt général exige le sacrifice.

C'est ce qu'on appelle l'expropriation pour cause d'utilité publique. Mais ce sacrifice n'est jamais gratuit, l'État paye toujours en ce cas, à sa juste valeur, l'immeuble dont il a besoin. (Voir notre cours de législation usuelle.)

SERVICE MILITAIRE. — PATRIOTISME. — COURAGE.

207. — Un philosophe ancien, Platon, disait: L'homme n'est pas né pour lui seul, mais pour la patrie, pour ses parents, pour ses amis, et pour les autres hommes; nous devons donc aimer la patrie plus que toutes choses, donner, au besoin, notre vie pour elle.

> « Le temps, les biens, la vie,
> « Rien ne nous appartient, tout est à la patrie. »
> (Gresset.)

---

205. Faites voir que c'est une faute de dissimuler une partie des valeurs sur lesquelles on doit payer les droits d'enregistrement et de succession.

206. Ne devons-nous pas abandonner à l'État les propriétés dont il a besoin dans un intérêt public?

207. Pourquoi le service militaire est-il un devoir?

Aussi, c'est un devoir pour chaque citoyen de servir sa patrie, de la défendre quand elle est attaquée, et de contribuer à maintenir l'ordre pendant la paix ; c'est pourquoi le service militaire est obligatoire pour tous les citoyens.

Défendre la patrie, c'est défendre sa famille qui ne peut exister heureuse qu'autant que la grande famille n'est point en danger.

Mais c'est un devoir qui exige du courage, du dévouement, de l'abnégation ; c'est pourquoi le gouvernement récompense les soldats courageux qui ont exposé et quelquefois même sacrifié leur vie pour leur pays. La société les honore et l'histoire transmet leurs noms à la postérité.

207 bis. — Il n'est pas nécessaire d'être grand ni d'avoir atteint l'âge viril pour être courageux.

Le 7 novembre 1865, un détachement de marins français, qui se rendait de Bagdad à Matamoros sur le bateau à vapeur *l'Antonia*, en remontant le fleuve Rio Grande, fut attaqué par des Mexicains cachés sur les bords du fleuve.

Durant tout le trajet, un mousse de la corvette *la Tisiphone*, le nommé Léonce, se plaça en vigie dans la mâture du navire, d'où il indiquait avec une rare intelligence les mouvements de l'ennemi, et resta tout le temps exposé dans ce poste périlleux. Le maréchal Bazaine, en rendant compte, au ministre de la marine, de l'attaque dont *l'Antonia* avait été l'objet, exprimait le regret de n'avoir pu récompenser d'aucune manière le mousse Léonce, qui, pendant le combat, s'était tenu en vigie, exposé aux balles de l'ennemi.

Ce brave enfant, disait-il, a, dans cette occasion, fait preuve d'une énergie et d'un sang-froid qui dénotent une nature exceptionnellement trempée.

Ce rapport fut placé sous les yeux de l'Empereur, qui accorda lui-même la médaille militaire au jeune Léonce, en disant : Je

---

207 *bis*. Citez un trait de courage d'un jeune marin.

lui donne la récompense des braves, la valeur n'attend pas le nombre des années.

208. — Cet amour qui nous porte à sacrifier nos intérêts, quelquefois même notre vie pour la patrie, se nomme *patriotisme.*

209. — Nous devons aimer la patrie comme notre mère, et ne jamais chercher à nous venger des injustices qui pourraient nous être faites.

Un sage de l'antiquité disait : « La colère de la patrie est comme celle d'un père, on la doit désarmer par la patience et la soumission. » Agir autrement, c'est commettre un crime odieux que la loi punit sévèrement.

Elle prive de la qualité de Français celui qui, sans autorisation du gouvernement, prend du service chez une nation étrangère, et elle punit de mort celui qui porte les armes contre sa patrie.

Coriolan a terni sa gloire en se mettant à la tête des ennemis de Rome pour venger un outrage.

Le connétable de Bourbon est mort honteusement dans les rangs des ennemis, qui avaient profité de son mécontentement pour le décider à tourner son épée contre la France.

210. — Non-seulement nous sommes obligés de servir l'État comme soldat, nous lui devons encore le tribut de nos lumières et de nos connaissances, en échange de l'instruction qu'il nous procure et de tous les avantages dont nous jouissons. Nous devons donc accepter quand nous le pouvons, sans les rechercher déloyalement, les charges publiques que nous sommes capables de remplir, et les gérer avec dévouement, comme

---

208. Qu'est-ce que le patriotisme?
209. Comment devons-nous aimer la patrie?
210. Ne devons-nous pas autre chose à l'État que le payement de l'impôt et le service militaire?

nos propres affaires, en sacrifiant toujours notre intérêt à l'intérêt général.

211. — Dans toutes les conditions on peut être utile à son pays ; ainsi le cultivateur, le commerçant, l'ouvrier, le savant, le philosophe, le moraliste, rendent service à l'État comme le soldat et le fonctionnaire, en contribuant au bien-être général, les uns en augmentant et en perfectionnant les produits nécessaires, les autres en développant, par leurs leçons et leurs ouvrages, l'intelligence et le cœur.

COURAGE CIVIL.

212. — Le courage ne consiste pas seulement à exposer sa vie sur un champ de bataille ; le médecin, la sœur de charité, qui prodiguent leurs soins aux malades dans une épidémie, accomplissent un devoir et font acte de courage ; le magistrat, le fonctionnaire, qui résistent aux menaces, aux séductions, pour remplir leurs devoirs, font également acte de courage, et c'est cette vertu que l'on nomme courage civil.

Enfin, on peut montrer du courage dans l'obscurité de la vie privée, en luttant énergiquement contre l'adversité et en accomplissant tous ses devoirs, malgré les obstacles que les âmes fortes savent seules surmonter.

On peut être un héros dans la vie privée comme sur un champ de bataille, en se dévouant pour les autres.

Il y a, dit M. Cousin, des héros de probité, d'honneur, de loyauté, dans les relations de la vie ordinaire, comme des héros de courage et de patriotisme dans les conseils des peuples et à la tête des armées.

213. — En résumé, les devoirs du citoyen envers l'État

---

211. Peut-on toujours être utile à son pays?
212. Qu'est-ce que le courage civil?
213. Résumez les devoirs des citoyens.

peuvent se ramener à deux : 1° l'obéissance aux lois et à l'autorité légitime ; 2° l'amour de la patrie et le dévouement au bien public. (Ch. Bénard, *Précis de philosophie*.)

214. — En échange des droits garantis par la constitution des sacrifices que la société exige des citoyens, elle leur garantit certains avantages, certains droits, tels que :

La liberté individuelle ;
La liberté de conscience ;
La liberté de pensée ;
La propriété des choses légitimement acquises.

La société nous accorde en outre le droit de prendre part au gouvernement du pays, soit comme conseiller municipal, conseiller d'arrondissement, conseiller général ou député; soit en participant à la nomination de ces fonctionnaires.

215. — La liberté est le droit d'agir librement et de faire ce qui nous convient, pourvu que nous ne fassions pas le mal et que nous ne gênions pas ceux qui ont le même droit que nous.

Nous devons donc toujours, en usant de notre liberté, respecter la liberté des autres.

Il est clair que si dans une classe chaque élève voulait parler en même temps, si chacun voulait être le maître, si tout le monde voulait commander et si personne ne voulait obéir, ce serait le désordre et personne ne serait libre, parce qu'au moment où Pierre voudrait parler, Paul l'en empêcherait en prenant lui-même la parole; la liberté d'agir ou de parler est donc limitée par la liberté des autres, de même dans la société la liberté de chacun doit être limitée par la liberté de tous.

---

214. Quels sont les avantages que la société nous garantit en échange des sacrifices qu'elle exige?
215. Expliquez ce que l'on entend par la liberté.

C'est pourquoi, dans un État bien administré, on enferme les voleurs et en général ceux qui troublent l'ordre social, car les autres hommes ne seraient plus libres, si on laissait en liberté ceux qui troublent leur repos.

216. — La liberté de pensée n'est point limitée par la justice humaine ; elle ne peut être jugée que par celui qui tient le secret de nos consciences ; mais quand la pensée se manifeste par la parole ou par des écrits, comme l'abus de cette liberté peut nuire à la liberté des autres, elle peut être restreinte par les lois, dans l'intérêt général de la société.

217. — La propriété est le droit de jouir et de disposer des choses de la manière la plus absolue, pourvu qu'on n'en fasse pas un usage prohibé par les lois ou les règlements.

218. — Le droit de propriété est une conséquence de la liberté ; ce que l'homme acquiert par son travail et son intelligence lui appartient, comme ce qu'il recueille dans la succession de ses parents, et il peut en disposer librement en se conformant aux lois de son pays.

C'est pourquoi la loi et la force publique garantissent à chacun la paisible possession des biens et des choses qui lui appartiennent.

219. — La *terre*, le *capital* et le *travail* sont les seules sources de la propriété ; quand le droit de propriété est établi sur une de ces bases, conformément à la loi, il est sacré, inviolable, comme le droit de se mouvoir et de penser.

Celui qui n'a ni terre, ni capital, peut donc, par son travail et son intelligence, arriver à la fortune comme celui à qui son père transmet des terres et des capitaux.

---

216. La liberté de pensée peut-elle être limitée par la loi?
217. Qu'est-ce que la propriété?
218. Sur quel principe repose le droit de propriété?
219. Quelles sont les sources de la propriété?

220. — Rien n'est plus facile à acquérir qu'un petit capital.

En effet, le capital n'est souvent que le résultat de l'épargne accumulée; une faible somme prélevée tous les jours sur le salaire de l'ouvrier, conservée au lieu d'être dépensée inutilement ou employée à satisfaire quelques mauvaises habitudes, pourrait au bout de quelques années produire un capital qui serait dans les mauvais jours une ressource précieuse.

221. — L'ordre et l'économie sont les vertus qui concourent avec le travail à procurer l'aisance, quelquefois même la richesse, tandis que la paresse et la prodigalité conduisent rapidement à la misère ceux mêmes qui possèdent une grande fortune.

MORALE PROFESSIONNELLE.

222. — Outre les devoirs généraux et les devoirs particuliers, que nous venons d'énumérer et qui sont obligatoires pour tous les hommes, chaque profession, chaque état impose des devoirs spéciaux, dont l'ensemble constitue la morale professionnelle. Non pas qu'il y ait plusieurs morales; il n'y en a qu'une seule dont les lois obligent également tous les hommes, ainsi que nous l'avons vu; mais ce que nous appelons morale professionnelle n'est que l'application des principes généraux aux actes particuliers d'une profession déterminée.

223. — Nous ne pouvons pas énumérer tous les devoirs professionnels qui varient à l'infini suivant les obligations imposées

---

220. Comment peut-on acquérir un capital?
221. Quelles sont les vertus qui concourent, avec le travail, à procurer la richesse?
222. Qu'appelle-t-on morale professionnelle?
223. Donnez quelques exemples.

à chaque profession ; nous nous bornerons à donner quelques exemples.

Le fonctionnaire, l'homme public, les personnes qui exercent des professions libérales, tels que les médecins, les avocats, les avoués, les notaires, les huissiers, sont soumis à des devoirs particuliers dont l'ensemble forme une morale plus sévère que celle qui règle la conduite des autres personnes.

Ainsi, la loi punit sévèrement celui de ces fonctionnaires qui, dans l'exercice de ses fonctions, commet une faute qui, la plupart du temps, n'entraînerait aucune peine contre un simple particulier.

C'est une faute, par exemple, que de révéler un secret, mais c'est une faute que la loi pénale ne punit point, tandis que le fonctionnaire qui révèlerait les secrets de l'État, le médecin, l'avocat, l'avoué, qui révèleraient les secrets qui leur sont confiés, seraient punis très sévèrement [1].

224. — Le mérite, nous l'avons vu, est plus ou moins grand, suivant la difficulté que l'on éprouve à remplir ses devoirs : l'estime et la reconnaissance, qui sont les premières récompenses dues au mérite, doivent donc augmenter en raison de l'importance des obstacles que l'on a surmontés.

C'est pourquoi la société récompense et honore les fonctionnaires et les citoyens qui exercent des professions libérales, quand, en outre des devoirs imposés à tous les hommes, ils accomplissent exactement leurs devoirs professionnels.

[1] Voir nos premiers éléments de droit.

---

224. Quelle raison justifie l'estime que l'on accorde aux fonctionnaires publics et à certaines professions libérales ?

DE L'INÉGALITÉ DES CONDITIONS.

225. — L'inégalité des conditions n'est pas la conséquence des institutions sociales, elle résulte naturellement de l'inégalité des intelligences, des forces physiques et des aptitudes.

Ainsi, l'inégalité des conditions dans la société est fondée sur la nature ; c'est une loi à laquelle il faut se soumettre, puisqu'il ne dépend pas de nous de la réformer complètement.

Les hommes, en effet, ne sont pas tous également capables; les uns, faibles de constitution, ont des dispositions pour l'étude et sont incapables de se livrer aux travaux manuels; les autres, forts et robustes, préfèrent l'agriculture, l'industrie, aux études calmes et paisibles. Ceux-ci ont à peine l'intelligence suffisante pour apprendre à lire et à écrire ; d'autres, au contraire, sont capables d'acquérir les connaissances les plus étendues et les plus profondes.

226. — Pour réussir dans la profession que nous voulons suivre et pour ne pas être malheureux toute notre vie, nous devons donc choisir avec la plus grande réflexion un état qui convienne à notre fortune, à nos forces, à notre intelligence, en un mot à notre aptitude.

> « Soyez plutôt maçon, si c'est votre talent,
> « Ouvrier estimé dans un art nécessaire,
> « Qu'écrivain du commun et poëte vulgaire. »
> (BOILEAU.)

227. — L'inégalité des conditions est d'ailleurs indispensa-

---

225. Sur quel principe repose l'inégalité des conditions dans la société ?
226. Est-il prudent de choisir sans réflexion un état quelconque ?
227. L'inégalité des conditions est-elle indispensable à l'existence de la société ?

ble à l'harmonie qui doit régner dans la société. On peut donc la regarder comme un bienfait de la Providence. Sans elle, en effet, un grand nombre de professions utiles, qui concourent à procurer le bien-être que l'on trouve dans un État bien administré, seraient abandonnées ou moins recherchées, et tout le monde en souffrirait.

227 bis. — Ce qui constitue la supériorité morale d'un individu, c'est la manière dont il accomplit tous ses devoirs ; ainsi celui-là sera supérieur aux autres qui aura le mieux observé toutes les lois de la morale et qui aura rendu le plus e services à la société.

MOYEN DE FAIRE DES PROGRÈS DANS LA VERTU.

Franklin, à qui nous devons la précieuse découverte de l'électricité et du paratonnerre, et qui, de simple ouvrier imprimeur, est devenu un homme célèbre et le premier magistrat de son pays, avait imaginé la méthode suivante pour se corriger de ses défauts et se perfectionner moralement.

Il avait réuni toutes les vertus sous douze dénominations définies et expliquées très-simplement. Ces douze vertus, que nous allons indiquer, formaient un tableau qu'il avait constamment sous les yeux. Il s'appliqua d'abord plus particulièrement à se perfectionner dans la première de ces vertus, sans toutefois négliger les autres ; et tous les jours il examinait sa conscience en présence de ce tableau, sur lequel il notait les fautes qu'il avait commises :

« De même, dit-il, qu'un homme qui veut nettoyer un jardin ne
« cherche pas à en arracher toutes les mauvaises herbes en même temps,
« ce qui excéderait ses moyens et ses forces, mais commence d'abord
« par une des plates-bandes, pour ne passer à une autre que quand il

---

227 bis. Qu'est-ce qui constitue la supériorité morale d'un individu ?

« a fini le travail de la première; ainsi j'espérais goûter le plaisir en-
« courageant de voir dans mes pages les progrès que j'aurais faits dans
« la vertu, par la diminution successive du nombre des marques, jus-
« qu'à ce qu'enfin, après avoir recommencé plusieurs fois, j'eusse le
« bonheur de trouver mon livret tout blanc, après un examen journa-
« lier pendant douze semaines. »

Voici les noms des douze vertus que Franklin considérait comme nécessaires et auxquelles il était arrivé à conformer sa conduite.

Nous conseillons à tous les jeunes gens d'imiter l'exemple de ce grand homme; d'avoir toujours sous les yeux le tableau suivant, d'y ajouter même les vertus que la religion nous impose et de s'efforcer à les pratiquer chaque jour, par une volonté ferme, une persévérance soutenue qui, bientôt, deviendra une habitude.

TEMPÉRANCE.

Ne mangez pas jusqu'à vous abrutir, ne buvez pas jusqu'à vous échauffer la tête.

SILENCE.

Ne dites que ce qui peut être utile à vous et aux autres, évitez les conversations oiseuses.

ORDRE.

Que chaque chose ait sa place fixe, assignez à chacune de vos affaires une partie de votre temps.

RÉSOLUTION.

Formez la résolution d'exécuter ce que vous devez faire, et exécutez ce que vous avez résolu.

ÉCONOMIE.

Ne faites que des dépenses utiles, pour vous et pour les autres, c'est-à-dire ne prodiguez rien.

TRAVAIL.

Ne perdez pas le temps, occupez-vous toujours de quelque objet utile, ne faites rien qui ne soit nécessaire.

SINCÉRITÉ.

N'employez aucun détour, que l'innocence et la justice président à vos pensées et dictent vos discours.

JUSTICE.

Ne faites tort à personne et rendez aux autres les services qu'ils ont droit d'attendre de vous.

MODÉRATION.

Évitez les extrêmes, n'ayez pas pour les injures le ressentiment que vous croyez qu'elles méritent.

PROPRETÉ.

Ne souffrez aucune malpropreté sur vous, sur vos vêtements, ni dans votre demeure.

TRANQUILLITÉ.

Ne vous laissez pas émouvoir par des bagatelles ou par des accidents ordinaires et inévitables.

HUMILITÉ.

Imitez Jésus.

227*ter*.—Voici, selon Bossuet, en quoi consiste l'humilité, et

---

227 *ter*. En quoi consiste l'humilité?

comment Jésus-Christ l'a enseignée aux hommes. « Regarde ce divin charpentier avec la scie, avec le rabot, durcissant ses tendres mains dans le maniement d'instruments si grossiers et si rudes. Ce n'est point un docte pinceau qu'il manie ; il aime mieux l'exercice d'un métier plus humble et plus nécessaire à la vie : ce n'est point une docte plume qu'il exerce par de beaux écrits ; il s'occupe, il gagne sa vie ; il accomplit, il loue, il bénit la volonté de Dieu dans son humiliation. »

(*Élévations sur les mystères*, xx, 10).

IMMORTALITÉ DE L'AME.

228. — L'homme, nous l'avons dit, est composé d'un corps et d'une âme. La mort est la séparation de ces deux éléments. Le corps seul périt parce qu'il est composé de matière, mais l'âme, substance spirituelle, indivisible et incorruptible, ne peut pas périr.

> « O mort, est-il donc vrai que nos âmes heureuses
> « N'ont rien à redouter de tes fureurs affreuses,
> « Et qu'au moment cruel qui nous ravit le jour
> « Tes victimes ne font que changer de séjour?
> « Quoi ! même après l'instant où tes ailes funèbres,
> « M'auront enseveli dans tes noires ténèbres,
> « Je vivrai ! Doux espoir ! que j'aime à m'y livrer ! »
> (L. Racine.)

229. — C'est l'âme qui gouverne le corps ; c'est d'elle que viennent toutes les pensées, bonnes ou mauvaises.

Il est donc juste qu'elle soit récompensée ou punie. Or, si l'âme périssait comme le corps, la justice de Dieu ne serait pas satisfaite, ce qui est impossible ; la vie future est donc absolument nécessaire comme sanction suffisante de notre conduite.

---

228. Pourquoi l'âme de l'homme ne peut-elle pas périr comme le corps?
229. Pourquoi l'âme doit-elle être récompensée ou punie?

SANCTION MORALE.

230. — On appelle sanction les peines et les récompenses destinées à assurer l'existence d'une loi.

231. — Toute loi dont l'infraction ne serait pas punie ne serait plus une loi obligatoire; or, nous avons vu que la loi morale a sa source en Dieu même, qu'elle est obligatoire comme les lois humaines; il est donc indispensable que toute bonne action soit récompensée, que toute faute soit punie.

232. — La première, la plus pure des récompenses, c'est la satisfaction d'avoir fait son devoir, c'est le bonheur qui en est la suite.

Puisque le vrai bonheur ne peut résulter que de la pratique de toutes les vertus, cherchons-le en faisant toujours le bien et n'espérons pas le trouver jamais dans les plaisirs passagers, dans les honneurs, les richesses qui ne donnent que des jouissances incomplètes et mêlées le plus souvent de tourments et d'inquiétudes.

Socrate disait :

« Le plus heureux des hommes est le plus vertueux, le plus malheureux est le plus injuste et le plus méchant. »

Sénèque, philosophe romain, disait :

« Le vrai bonheur réside dans la vertu, et le malheur dans le vice. »
(*De la vie heureuse.*)

« La bonne vie donne la joie. »
(S. Bernard.)

233. — La première peine qu'une mauvaise action fait naître elle-même, c'est le remords qui trouble la conscience.

---

230. Qu'appelle-t-on sanction?
231. Pourquoi toute loi doit-elle avoir une sanction?
232. Quelle est la plus pure de toutes les récompenses?
233. Quel est le premier châtiment d'une faute?

« De ses remords secrets, triste et lente victime,
« Jamais un criminel ne s'absout de son crime. »
(Racine.)

234. — La seconde sanction consiste dans les avantages ou les désagréments qui résultent de notre conduite.

Ainsi, l'homme vertueux est presque toujours récompensé ; la sobriété, la bonne conduite, entretiennent son corps en bonne santé ; l'ordre, la probité, l'aident à réussir dans toutes ses entreprises.

Au contraire, la gourmandise, l'intempérance, font naître des maladies qui abrègent la vie ; le désordre, la mauvaise foi, conduisent inévitablement à la ruine et à la misère.

235. — Une autre sanction, c'est l'estime que la société accorde presque toujours à celui qui accomplit tous ses devoirs, et le mépris dont elle accable celui qui s'abandonne lâchement à ses passions.

236. — Les lois humaines punissent aussi toutes les actions extérieures contraires à la morale, et la société récompense presque toujours les belles actions qui arrivent à la connaissance de l'Empereur ou des fonctionnaires qui administrent en son nom.

237. — Mais les joies et les remords de la conscience, l'estime et le mépris des hommes, les lois pénales elles-mêmes ne sont pas une sanction suffisante de la loi morale, car il est des coupables qui ne sont pas suffisamment punis par leurs remords et qui parviennent à cacher leurs crimes.

Quelquefois aussi l'opinion publique s'égare au point que des hommes vertueux ne sont pas récompensés sur la terre ; on en voit même souvent qui souffrent injustement.

---

234. En quoi consiste la seconde sanction ?
235. Indiquez une troisième sanction.
236. Quelle est la quatrième sanction ?
237. Les sanctions que nous venons d'énumérer sont-elles suffisantes ?

Enfin, la justice humaine peut elle-même se tromper quelquefois, et punir un innocent.

D'ailleurs, nous avons vu que la morale est beaucoup plus sévère que la loi, qu'elle défend bien des choses que la loi ne punit pas, et que tout ce qui n'est pas défendu par la loi n'est pas permis ; il faut donc qu'une loi supérieure aux lois humaines assure l'exécution des préceptes de la morale.

238. — Puisque la justice divine n'est pas satisfaite dans ce monde, il est de toute nécessité qu'il existe une autre vie dans laquelle Dieu punira ceux qui ne se seront pas soumis aux lois de la morale, et récompensera ceux qui les auront observées.

> « Sur la terre, il est vrai, je vois dans le malheur
> « La vertu gémissante et le vice en honneur;
> « Mais je lève mes yeux vers ce maître suprême
> « Et je le reconnais dans ce désordre même:
> « S'il le permet, il doit le réparer un jour;
> « Il veut que l'homme espère un plus heureux séjour.
> « Oui, pour un autre temps, l'être juste et sévère,
> « Ainsi que sa bonté réserve sa colère. »
>
> (RACINE.)

Nous avions donc raison de dire au commencement de ce livre que la morale repose sur l'idée de Dieu, et que sans la croyance en Dieu il n'est point de morale possible.

239. — Ainsi les lois de la morale nous obligent à faire le bien et à éviter le mal, à pratiquer la vertu, à accomplir tous nos devoirs envers Dieu, envers la société et envers nous-même ; telle est notre destinée. Telle est aussi la seule voie qui procure le bonheur sur la terre et qui nous conduise au bonheur éternel.

240. — Platon disait :

« Sois semblable à Dieu autant qu'il est donné à l'homme. »

---

238. Quelle est donc la sanction inévitable des devoirs moraux?
239. Quelle est la destinée de l'homme?
240. Donnez encore d'autres preuves de cette destinée.

Jésus nous dit dans l'Évangile :

« Soyez parfait comme votre Père céleste est parfait. »

241. — Ces préceptes nous tracent la conduite que nous devons suivre ; ne les oublions donc jamais, surtout mettons-les en pratique. Acceptons avec résignation les peines qui nous arrivent et attendons avec confiance la récompense que nous aurons méritée.

Celui qui aura conformé toutes ses pensées et toutes ses actions aux préceptes de la religion et de la morale, sera donc rassuré sur la destinée de son âme.

Quand Dieu l'appellera, il se soumettra à sa volonté et se présentera sans crainte devant ce juge redouté des méchants, dont la justice est infaillible et dont la bonté est infinie.

---

241. Que devons-nous faire pour accomplir cette destinée ?

CONSEILS D'UN PERE
A SON FILS

Crains d'un lâche repos la fatigue accablante,
Préfère à la mollesse une vie agissante.
A trente ans tu diras, des plaisirs détrompé,
L'homme le plus heureux, c'est le plus occupé.
Tout travaille et se meut dans la nature entière,
Le plus petit insecte agit dans la poussière.
Vois cette eau qui croupit l'air en est infecté;
Admire la fraîcheur et la limpidité
De cette onde qui court, par des routes fleuries,
Féconder nos vergers, embaumer nos prairies.
Le temps est un éclair pour le mortel actif;
Le temps avec lourdeur pèse sur l'homme oisif.
Mais, quel que soit l'état ou ton penchant t'appelle,
Que la probité soit ta compagne fidèle.
La réputation est aisée à flétrir;
C'est un cristal poli, qu'un souffle peut ternir.
Sans être misanthrope, aime la solitude.
Fais-y du cœur humain la difficile étude.
Que la Rochefoucault, la Bruyère et Charron,
T'apprennent à sonder cet abîme profond.
Dans ses déguisements l'amour-propre est subtil;
Celui qui n'a qu'un œil se montre de profil.

Au choix de tes amis sois donc lent et sévère ;
Examine longtemps, la méprise est amère.
Sous un vil intérêt, ne soit pas abattu,
L'argent le cède à l'or, et l'or à la vertu.
Que le destin te soit favorable ou sévère,
De quelque infortuné soulage la misère :
Tu le pourras, mon fils, Si tu naquis sans biens,
Apprends l'art d'être heureux avec peu de moyens
Hélas ! ce malheureux qu'on fuit, qu'on appréhende,
Plaignons-le, c'est souvent tout ce qu'il nous demande ;
D'une oreille attentive écoute ses revers :
Il aime à raconter les maux qu'il a soufferts ;
Si ton cœur ne palpite au récit de ses peines,
Puisse ton sang bientôt se tarir dans tes veines !
Ce souhait est celui d'une ardente amitié ;
Il vaut mieux n'être pas, que d'être sans pitié.
Qu'un orgueil dangereux n'aille pas t'abuser ;
Il n'est point d'ennemi qu'on doive mépriser.
Si le ciel t'a doué d'un rayon de génie,
Un jour tu sentiras l'aiguillon de l'envie.
Au mérite, au succès, toujours son fiel se joint ;
Travaille à l'exciter, mais ne l'irrite point.
Si tu veux désarmer sa vengeance funeste,
Oppose à sa furie un air noble et modeste.
La modestie ajoute au talent qu'on renomme,
Le pare et l'embellit : c'est la pudeur de l'homme.
La modestie enchante, et l'amour-propre aigrit ;
C'est par le cœur qu'on plaît bien mieux que par l'esprit.

LES MAXIMES DE L'HONNÊTE HOMME

ou

DE LA SAGESSE

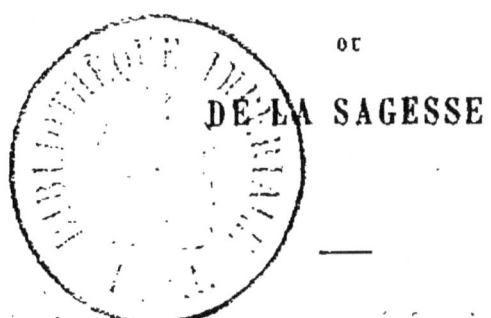

Craignez un Dieu vengeur et tout ce qui le blesse;
C'est là le premier pas qui mène à la sagesse.

Ne plaisantez jamais ni de Dieu ni des saints;
Laissez ce vil plaisir aux jeunes libertins.

Que votre piété soit sincère et solide,
Et qu'à tous vos discours la vérité préside.

Tenez votre parole inviolablement;
Mais ne la donnez pas inconsidérément.

Soyez officieux, complaisant, doux, affable,
Poli, d'humeur égale, et vous serez aimable.

Du pauvre qui vous doit, n'augmentez pas les maux.
Payez à l'ouvrier le prix de ses travaux.

Bon père, bon époux, bon maître sans faiblesse,
Honorez vos parents, surtout dans leur vieillesse.

Du bien qu'on vous a fait soyez reconnaissant ;
Montrez-vous généreux, humain et bienfaisant.

Donnez de bonne grâce ; une belle manière
Ajoute un nouveau prix au présent qu'on veut faire.

Rappelez rarement un service rendu
Le bienfait qu'on reproche est un bienfait perdu.

Ne publiez jamais les grâces que vous faites ;
Il faut les mettre au rang des affaires secrètes.

Prêtez avec plaisir, mais avec jugement ;
S'il faut récompenser, faites-le dignement.

Au bonheur du prochain ne portez pas envie.
N'allez point divulguer ce que l'on vous confie.

Sans être familier, ayez un air aisé.
Ne décidez de rien qu'après l'avoir pesé.

A la religion soyez toujours fidèle :
On ne sera jamais honnête homme sans elle.

Détestez et l'impie et ses dogmes trompeurs.
Ils séduisent l'esprit, ils corrompent les mœurs.

Ne rejetez pas moins tout principe hérétique :
C'est peu d'être chrétien si l'on n'est catholique.

Aimez le doux plaisir de faire des heureux,
Et soulagez surtout le pauvre vertueux.

Soyez homme d'honneur, et ne trompez personne ;
A tous ses ennemis un cœur noble pardonne.

Aimez à vous venger par beaucoup de bienfaits :
Parlez peu, pensez bien, et gardez vos secrets.

Ne vous informez pas des affaires des autres ;
Sans air mystérieux, dissimulez les vôtres.

N'ayez point de fierté, ne vous louez jamais.
Soyez humble et modeste au milieu des succès.

Surmontez les chagrins où l'esprit s'abandonne :
Ne faites rejaillir vos peines sur personne.

Supportez les humeurs et les défauts d'autrui :
Soyez des malheureux le plus solide appui.

Reprenez sans aigreur : louez sans flatterie.
Ne méprisez personne : entendez raillerie.

Fuyez les libertins, les fats et les pédants.
Choisissez vos amis, voyez d'honnêtes gens.

Jamais ne parlez mal des personnes absentes.
Badinez prudemment les personnes présentes.

Consultez volontiers. Évitez les procès.
Où la discorde règne, apportez-y la paix.

Avec les inconnus usez de défiance.
Avec vos amis même ayez de la prudence.

Point de folles amours, ni de vin, ni de jeux :
Ce sont là trois écueils en naufrages fameux.

Sobre pour le travail, le sommeil et la table :
Vous aurez l'esprit libre et la santé durable.

Jouez pour le plaisir, et perdez noblement.
Sans prodigalité dépensez prudemment.

Ne perdez point le temps à des choses frivoles.
Le sage est ménager du temps et des paroles.

Sachez à vos devoirs immoler vos plaisirs ;
Et pour vous rendre heureux modérez vos désirs.

Ne demandez à Dieu ni grandeur ni richesse ;
Mais pour vous gouverner demandez la sagesse.

TABLE DES MATIÈRES

Préface..	9
Définition et but de la Morale....................	19
Le Devoir...	19
La Conscience...	21
Distinction du Bien et du Mal.....................	21
La Vertu et le Vice...................................	20
Mérite et démérite...................................	22
Devoirs envers Dieu. — Morale religieuse...	25
Providence divine.....................................	28
Culte ou religion.......................................	29
Culte intérieur. — Culte extérieur. — Culte public.	30
Devoirs de l'homme envers lui-même.........	31
— envers le corps.......................	32
— envers l'âme..........................	37
Devoirs de l'homme envers ses semblables.	39
Devoirs de justice.................................	40
Duel...	41
Vol...	42
Abus de confiance....................................	42
Chose trouvée...	45
Obligation de tenir sa promesse.................	46
En quoi consiste la richesse......................	46
Médisance et calomnie.............................	48
Du mensonge..	49
Du serment...	50
Discrétion...	52
Curiosité. — Secret des lettres..................	52
Exactitude..	53
Reconnaissance.......................................	55

Ingratitude.	54
Égoïsme.	55
Probité.	56
Devoirs de Charité. — Préceptes de la religion chrétienne.	56
Bienfaisance.	58
Bienveillance. — Malveillance.	59
Vengeance.	60
Devoirs envers les êtres inanimés.	61
Devoirs envers les animaux.	61
Devoirs particuliers. — Devoirs de famille.	62
Devoirs des époux entre eux.	63
— des parents.	63
— des enfants.	65
— des enfants envers leurs maîtres.	69
— des frères entre eux.	70
— du frère et de la sœur.	72
— réciproques des membres d'une même famille.	72
— envers les vieillards.	73
De l'amitié.	74
Devoirs envers les domestiques.	76
Devoirs envers l'État.	77
Respect dû aux lois et aux magistrats.	78
Payement de l'impôt.	79
Service militaire. — Patriotisme. — Courage.	80
Courage civil.	85
Morale professionnelle.	86
De l'inégalité des conditions.	88
Moyens de faire des progrès dans la vertu. — Maxime de Franklin.	89
Immortalité de l'âme.	92
Sanction morale.	95
Conseils d'un père à son fils.	97
Maximes de la sagesse.	99

FIN DE LA TABLE DES MATIÈRES.

PARIS. — IMP. SIMON RAÇON ET COMP., RUE D'ERFURTH, 1.

A LA MÊME LIBRAIRIE

HISTOIRES ET CAUSERIES MORALES ET INSTRUCTIVES, livre de lecture courante à l'usage des jeunes filles chrétiennes, par M. LAURENT DE JUSSIEU. 1 vol. in-12. Nouvelle édition. Cart.................... 1 50
    PREMIÈRE PARTIE. Cart........................... » 80
    SECONDE PARTIE. Cart........................... » 80

LEÇONS ET EXEMPLES DE MORALE CHRÉTIENNE, livre de lecture courante à l'usage de toutes les écoles ; par LE MÊME. 1 vol. in-12. Nouvelle édition. Cart.................................. 1 50
    PREMIÈRE PARTIE. Cart........................... » 80
    SECONDE PARTIE. Cart........................... » 80

    Ouvrages approuvés par Mgr l'archevêque de Paris, et honorés de la souscription de S. Ex. le ministre de l'instruction publique pour les bibliothèques scolaires.

LECTURES SUR DIVERS SUJETS DE PHYSIQUE ET D'HISTOIRE NATURELLE, ouvrage destiné à la lecture courante dans les écoles ; par LE MÊME. 1 vol. in-12. Cart......................... 1 20
    Ouvrage honoré de la souscription de S. Ex. le ministre de l'instruction publique pour les bibliothèques scolaires.

CHOIX DE LECTURES POUR L'ANNÉE, accompagnées d'exercices, de questions spéciales et de notes ; par M. C. HAMMOT, inspecteur d'académie. Nouvelle édition. 1 vol. in-12. Cart..................... 1 50
    1er semestre. Nouvelle édition. 1 vol. in-12. Cart....... » 80
    2e semestre. Nouvelle édition. 1 vol. in-12. Cart....... » 80

FRANCE (la), *livre de lecture pour toutes les écoles :* — aspect, — géographie, — histoire, — administration, — agriculture, — industrie, — commerce, — grands hommes, — hommes utiles, — notions diverses, par MM. E. MANUEL, agrégé des classes supérieures, professeur au lycée Bonaparte, — et E. L. ALVARÈS, professeur.
    PREMIÈRE PARTIE : Départements compris dans les anciennes provinces de *Normandie*, de *Picardie*, d'*Artois*, de *Flandre*, de *Lorraine*. Nouvelle édition. 1 vol. in-12. Cart............................ 1 20
    DEUXIÈME PARTIE : Départements compris dans les anciennes provinces d'*Alsace*, de *Franche-Comté*, de *Champagne*, d'*Ile-de-France*, d'*Orléanais*, de *Maine* et *Perche*. Nouvelle édition. 1 vol. in-12. Cart....... 1 20
    TROISIÈME PARTIE : Départements compris dans les anciennes provinces de *Bretagne*, d'*Anjou*, de *Touraine*, de *Poitou*, de *Berry*, de *Bourbonnais*, de *Bourgogne*. Nouvelle édition. 1 vol. in-12. Cart.......... 1 20
    QUATRIÈME PARTIE : Départements compris dans les anciennes provinces du *Lyonnais*, de l'*Auvergne*, de la *Marche*, du *Limousin*, de l'*Angoumois*, de la *Guyenne* et de la *Gascogne*, du *Languedoc*, du *Béarn*, du *Roussillon*, du *Dauphiné*, de la *Provence* et du *Comté de Foix*, de la *Corse*, et dans le *Comtat d'Avignon*. Nouvelle édition. 1 vol. in-12. Cart......... 1 20
    Chaque partie se vend séparément.
    Ouvrage adopté par la Commission officielle de livres pour prix.

Paris. — Typ. Rouge frères, Dunon et Fresné, rue du Four-St-Germain, 43.

www.ingramcontent.com/pod-product-compliance
Lightning Source LLC
Chambersburg PA
CBHW070258100426
42743CB00011B/2264